Rudolph Weigel

Börnerschen Kunstsammlung,

erste Abteilung - die niederländische Schule

Rudolph Weigel

Börnerschen Kunstsammlung,
erste Abteilung - die niederländische Schule

ISBN/EAN: 9783743436589

Hergestellt in Europa, USA, Kanada, Australien, Japan

Cover: Foto ©Thomas Meinert / pixelio.de

Manufactured and distributed by brebook publishing software (www.brebook.com)

Rudolph Weigel

Börnerschen Kunstsammlung,

RUDOLPH WEIGEL'S KUNST-AUCTION.

CATALOG

der

Börner'schen Kunstsammlung,

oder

der von dem allbekannten Kunstkenner

Johann Andreas Börner,

Buch- und Kunst-Auctionator zu Nürnberg

hinterlassenen Sammlung

von

Kupferstichen, Radirungen, Holzschnitten, Handzeichnungen, Kupferwerken, Kunstbüchern etc.

deren erste Abtheilung

die

Niederländische Schule

enthaltend

Donnerstag den 22. Januar 1863

und folgende Tage

zu Leipzig

(im R. Weigel'schen Kunst-Auctions-Lokal, Königsstr. No. 1)

durch

Herrn Raths-Proclamator **Engel**

gegen baare Zahlung in Courant öffentlich versteigert werden.

Leipzig,

Druck von Bär & Hermann.

1862.

Leipziger Kunstauctionen.

Der Unterzeichnete übernimmt und besorgt den Verkauf sowohl grosser Sammlungen als kleiner Beiträge von Kupferstichen, Handzeichnungen, Oelgemälden, Kunstbüchern etc. durch Auctionen, welche unter seiner Garantie von dem verpflichteten Proclamator abgehalten werden. Das Vertrauen, welches während fünfundsiebenzig Jahren Käufer und Verkäufer den von ihm und seinen Vorfahren veranstalteten Auctionen schenkten, beruht vor allem auf der gewissenhaften Anfertigung der Cataloge und pünktlichen Ausführung der Aufträge. Diejenigen öffentlichen Kabinette und Kunstfreunde, welche Doubletten oder Sammlungen versteigern lassen wollen, belieben sich der Bedingungen wegen an ihn zu wenden.

Rudolph Weigel.

Zur gef. Beachtung.

Die Versteigerung geschieht gegen baare Zahlung und werden die auswärtigen Käufer ersucht, ihre Commissionaire mit Baarkasse zu versehen.

Aufträge erbittet man sich spätestens 8 Tage vor der Versteigerung, doch macht man aufmerksam, dass denselben entweder ein Theil des muthmasslichen Erstehungsquantums baar oder Accreditive auf hiesige Banquierhäuser beizufügen sind, oder auch dass durch Postvorschuss der Betrag des Erkauften nachgenommen werden darf, ohne welche Sicherheitsstellung jene unberücksichtigt gelassen werden.

Es wird ferner ersucht, die Preise bei den Aufträgen genau zu bestimmen, da es bei den vielen Commissionen zu oft in Verlegenheit führt, wenn approximative Gebote gethan werden; wenn ein Gebot um wenige Groschen nicht überschritten worden, ist keineswegs anzunehmen, dass es der Auftraggeber deshalb erlangt haben würde, sondern dass höhere Limiten vorlagen, und versteht es sich ohnehin von selbst, dass derjenige welcher das höchste Gebot gethan, die betreffende Nummer auch nur erhalten und verlangen kann.

Nachstehende Buch- und Kunsthandlungen übernehmen Aufträge:

Aachen	Cremer'sche Buchhandlung.
Altenburg	Schnuphase'sche Buchhandlung.
Altona	A. Lehmkuhl & Comp.
Amsterdam	F. Buffa & fils. — J. H. A. Jonkers. — F. Müller
Arnsberg	W. von Schilgen.
Augsburg	Birett's Antiq.-Buchhandlung. — F. Ebner.
Baireuth	C. Giessel.
Bamberg	Buchner'sche Buchhandlung.
Basel	H. Amberger. — H. Fischer & Comp. — J. L. Fuchs & Comp. — Neukirch'sche Buchhandlung.
Berlin . . .	Amsler & Ruthardt. — Besser'sche Buchhandlung. — A. Burmeister. — A. Edinger. C. G. Ende. — Enslin'sche Buchhandlung. — Kunstantiquariat von G. Heubel. — J. F. Linck. — E. Mecklenburg. — Mittlersche Sortiments-Buchh. — Nicolai'sche Sortiments-Buchhandlung. — Oehmigke's Buchhandlung. — Gebr. Rocca. — Jos. Rocca. — Schneider & Comp. — E. H. Schroeder. — J. A. Stargardt.

Bernburg	A. Schmelzer.
Bonn	A. Marcus.
Braunschweig	E. Leibrock. — G. C. E. Meyer sen.
Bremen	A. D. Geisler'sche Buch- u. Kunsthdg. — J. G. Heyse's Sort.-Buchh. — H. L. J. Kraus. — Kühtmann & Comp. — H. Strack.
Breslau	Gosohorsky's Buchhandlung. — F. Hirt. — W. G. Korn. — J. Max & Comp. — Trewendt & Granier.
Brüssel	B. van der Kolk. — C. Muquardt.
Cassel	Bertram'sche Buchhandlung. — H. Jungklaus.
Coburg	Meusel & Sohn.
Cöln	Du Mont Schauberg'sche Buchh. — J. M. Heberle — J. J. Pricken, Kunsthdlg. — Rommerskirchen's Buchh. — Schmitz's Sort.-Buchh.
Copenhagen	G. E. C. Gad. — Th. Lind. — Lose & Delbanco. — C. A. Reitzel's Buchh.
Cracau	D. E. Friedlein.
Crossen	P. Ehrlich & Comp.
Danzig	Th. Bertling. — L. G. Homann's Buchhandlung. — B. Kabus'sche Buchhandlung.
Dorpat	E. J. Karow.
Dresden	E. Arnold. — Fr. v. Boetticher. — E. Geller. — F. C. Janssen. — Frau Lotzmann, Schlossgasse Nr. 33. — Proclamator Friedr. Rud. Meyer. — A. Reichel. — G. Schönfeld.
Düsseldorf	J. Buddeus'sche Buchhandlung. — Ad. Gestewitz. — A. W. Schulgen.
Elbing	Neumann-Hartmann.
Erfurt	C. Villaret.
Florenz	L. Bardi.
Frankfurt a. M.	Jos. Baer. — H. Keller. — F. A. C. Prestel. A. Voemel. — K. Th. Völcker.
Frankfurt a. d. O.	G. Harnecker & Comp.
Gent	C. Muquardt.
Görlitz	C. A. Starke.
Gotha	Ferd. Hennings. — E. F. Thienemann.
Göttingen	Dieterich'sche Buchhandlung.
Haag	M. Nijhoff. — A. G. de Visser.
Hagen	Gust. Butz.
Halle	Lippert'sche Buchhandlung. — H. W. Schmidt's Sortiments-Buchhandlung.
Hamburg	B. S. Berendsohn. — Commeter'sche Kunsthandlung. — Hoffmann & Campe. — Makler C. Meyer. — Perthes, Besser & Mauke.
Hannover	Hahn'sche Hofbuchhandlung. — Helwing'sche Hofbuchhandlung. — Gustav Krüger. — V. Lohse. — H. Oppermann. — C. Schrader's Nachfolger.
Heidelberg	Adolph Emmerling.

Innsbruck	F. Unterberger.
Kiel	Th. Klose. — Schwers'sche Buchhandlung. — Universitäts-Buchhandlung.
Königsberg in Pr.	Bon's Buchhandlung. — Gräfe & Unzer.
Leyden	E. J. Brill.
London	P. & D. Colnaghi. — E. A. Evans & Sons. — D. Nutt. — Williams & Norgate.
Lübeck	Dittmer'sche Buchh. — von Rohden'sche Buchh.
Lüttich	Ch. Gnusé. — Ch. van Marck.
Magdeburg	E. Baensch. — F. Kaegelmann.
Mailand	T. Laengner.
Mainz	G. Frommann. — V. v. Zabern.
Mannheim	Artaria & Fontaine.
Minden	Keiser & Comp.
München	J. Aumüller. — Max Brissel. — F. Gypen. — Mey & Widmayer. — L. A. v. Montmorillon. — Antiquar Dr. G. K. Nagler. — M. Ravizza.
Münster	Coppenrath'sche Buchhandlung. — Theissing'sche Buchhandlung.
Neapel	A. Detken.
Neisse	J. Graveur.
Neustrelitz	G. Barnewitz.
Nordhausen	F. Förstemann's Buchhandlung.
Nördlingen	C. H. Beck'sche Buchhandlung.
Nürnberg	F. Heerdegen. — Antiquar Lorenz Krausser. — Riegel & Wiessner. — J. A. Stein.
Oldenburg	Schulze'sche Buchhandlung. — G. Stalling.
Paderborn	W. Crüwell. — F. Schöningh. — J. Wesener. — L. D. Winkler.
Paris	Clement. — A. Franck. — Guichardot. — A. W. Schulgen. — E. Tross.
St. Petersburg	Ed. Minlos.
Posen	J. Lissner.
Prag	Calve'sche Buchhandlung. — Ehrlich's Buchhandlung. — F. Rziwnatz.
Regensburg	A. Coppenrath. — G. J. Manz.
Rendsburg	F. A. Oberreich's Buchhandlung.
Riga	N. Kymmel.
Rostock	Stiller'sche Hofbuchhandlung.
Rotterdam	Ad. Baedecker.
Schaffhausen	Hurter'sche Buchhandlung.
Schweidnitz	L. Heege.
Schwerin	A. Hildebrand. — Stiller'sche Hofbuchhandlg.
Sondershausen	G. Bertram.
Stettin	Müller'sche Buchhandlung. — F. Nagel.
Stockholm	A. Bonnier. — Levertin & Sjoestedt. — Samson & Wallin.
Stralsund	C. Hingst.
Strassburg	J. Noiriel. — Treuttel & Würtz.
Straubing	Schorner'sche Buchhandlung.
Stuttgart	A. Liesching & Comp. — J. Weise.
Triest	H. F. Münster. — H. F. Schimpff.

Tübingen	L. F. Fues'sche Buchhandlung.
Turin	Herm. Loescher.
Utrecht	T. de Bruyn. — W. F. Dannenfelser — Kemink & Sohn.
Venedig	H. F. & M. Münster.
Verona	H. F. Münster.
Warschau	A. Gebethner & Wolff. — H. Natanson.
Weimar	W. Hoffmann.
Wien	Artaria & Comp. — C. Gerold's Sohn. — Lechner's Universitäts-Buchhandlung. — Miethke & Wawra. — L. T. Neumann. — F. Paterno.
Wriezen	E. Roeder.
Würzburg	Stahel'sche Buchhandlung.
Zürich	Cramer & Lüthi. — F. Hanke. — S. Höhr. — F. Schulthess.

In **Leipzig** übernehmen Aufträge:

Herr Kunsthändler C. G. Börner. — Herr Proclamator H. Engel. — Die Herren Buchhändler H. Fritzsche, H. Hartung, Kirchhoff & Wigand, K. F. Köhler, R. Kössling, List & Francke, C. H. Reclam sen. — Herr Kunsthändler L. Rocca. — Die Herren Buchhändler O. A. Schulz, F. Voigt, L. Voss, T. O. Weigel. — Die Herren Antiquitätenhändler Zschiesche & Köder und der Unterzeichnete:

Rudolph Weigel.

Nach jeder dieser Kunstauctionen sind gedruckte **Versteigerungspreislisten** für 2½ Ngr. zu haben.

Kupferstiche und Radirungen.

Niederländische Schule.

(Die mit einem Stern bezeichneten Nummern tragen Börner's Namen auf
der Rückseite und sind gewählte Abdrücke.)

I. Kupferstiche.

H. Allardt.

1. Portrait von C. G. Wrangel, Schwedischer General und Admiral. Kniestück. fol. Aufgezogen.

R. van Audenaerd.

2. 8 Bl. nach C. Maratti u. A. Mater dolorosa, Mariä Himmelfahrt, St. Magdalena, Apollo und Daphne etc. fol. gr. fol. gr. qu. fol. und qu. roy. fol.

P. de Ballin.

3. 2 Bl. Jacob und Esau, P. P. Rubens p., und St. Anastasius im Zimmer. Rembrandt inv. fol. Ersteres verschnitten.

H. Bary.

4. 2 Bl. Die beiden Kinder, oder Frühling und Herbst, nach A. van Dyck, und de Wyn is een Spotter, nach F. Mieris. fol. Letzteres später Druck mit Schenk's Adresse.

C. Bloemaert.

5. 2 Bl. Die Anbetung der Hirten und St. Lucas malt die Madonna. Raphael inv. gr. qu. fol. fol.
6. 2 Bl. Die heilige Familie mit der Brille und St. Margareta. H. Carracci p. fol. Beschnitten.

F. Bloemaert.

7a. 30 Bl. Die Folge der Bettler u. a. A. Bloemaert inv. 8.

7b. 4 Bl. Die Jahreszeiten, durch Landleute dargestellt. Idem inv. 4.
8. 14 Bl. Verscheyde Beesten en Vogelen. Idem inv. qu. 8.

A. Blotelingh.

*9. Mich. Adr. Ruyter, Admiral. fol. Schöner Abdruck mit des Meisters Adresse.
10. Leopoldus I., Imp. C. Morad p. fol. Schwarzkunst, wie die Folgenden.
11. Joan de Wit, Raet Pensionaris. J. de Bane p. fol.
*12a. Heemskerk. J. van Mieris p. gr. 8. 1. Abdruck vor Aet. 74 und vor den Namen der Meister, sehr schön.
*12b. Frans Mieris. Se ipse del. 4.
*12c. The Lady Ann (Anna Regina Angl.). P. Lely p. 4.
*12d. 2 Bl. Guilielmus Henricus, und Maria Princeps etc. Auriae. 8.
12e. Weibliches Brustbild. Hippolytae Amazonis. 8. Der Name ausgethan.
*12f. Zwei Frauen und ein Mann in Unterhaltung. Halbfiguren. G. B. Giorgione p. 4.
*12g. Schlafende Katze. 4.
*13. Die Versuchung des heiligen Antonius. C. Procaccini p. fol. Vor der Schrift, sehr schön.

B. à Bolswert.

*14. Tod und Zeit im Kampfe gegen Menschen und Thiere. D. Vinckeboons inv. qu. fol. 1. Abdruck, bloss mit des Meisters Adresse, sehr schön.
15. 2 Bl. Streit bei einem Gastmahl von Soldaten und Bauern, und die Liebespaare mit dem Tode im Walde. Idem inv. qu. fol.

S. à Bolswert.

16. Der englische Gruss. P. P. Rubens p. fol. 2. Abdruck mit Hendricx' Adresse, welche später zugelegt.
17. Der englische Gruss. G. Seghers inv. fol. Fleckig und aufgezogen.
18. Rückkehr der heiligen Familie aus Egypten. P. P. Rubens p. fol. 2. Abdruck mit Hendricx Adresse.
19. Dasselbe, der Druck später.
20. Der grosse Fischzug in 3 Bl. Idem p. qu. roy. fol. Schöner Abdruck, aber beschädigt.
21. Christus am Kreuz allein. Idem p. fol.

*22. Die Bekehrung des Paulus. Idem p. gr. qu. fol.
1. trefflicher Abdruck mit des Stechers Adresse.
23. Mariä Himmelfahrt. Idem p. gr. fol. Alter 2. Abdruck mit der Adresse von Huberti, welche in dritten zugelegt, vierte haben die von van Merlen.
24. Die Communion der heil. Rosa. E. Quellinus inv. fol. 1. Abdruck mit der Adresse von M. van den Enden.
25. Die Zerstörung des Götzendienstes, in 2 Bl. P. P. Rubens p. qu. roy. fol. Alter guter Abdruck. Etwas fleckig und aufgezogen.
26. 2 Bl. Die Kirchenväter mit St. Clara. Idem p. fol.
3. Abdruck mit Audran's Adresse. Nebst einer unbekannten alten Copie.
27. Pan bei der Heerde. J. Jordaens p. qu. fol.
28. Dasselbe, späterer Abdruck.
29a. Satyrn und Nymphen, genannt die kleine Jagd, auch die Rückkehr von der Jagd. P. P. Rubens p. qu. fol.

C. Bos.

29b. 2 Bl. Abnehmung vom Kreuz. Lamb. Lombardus inv. fol. Fleckig. Nebst einer Copie in Holzschnitt in Umrissen.

J. van der Bruggen.

*30. Das Mädchen mit den Blumen. Schwarzkunst. 4. Laborde p. 153.

N. de Bruyn.

31. St. Cäcilia. Raphael inv. Gallerie in Bologna. fol.
*32. Das goldne Weltalter. A. Bloemaert inv. qu. roy. fol. Hauptblatt vor aller Adresse.
33. David und Abigail. gr. qu. fol. Vor aller Adresse. Rechts scharf beschnitten.
*34. Das grosse Ecce Homo mit unzähligen Figuren. qu. roy. fol. Vor aller Adresse.
*35. Das grosse Volksfest mit dem tanzenden Paare. D. Vinckebooms inv. qu. roy. fol. Ebenso.
36. Die Landschaft mit der Verstossung der Hagar. gr. qu. fol. Aufgezogen.

C. van Caukercken.

37. 13 Bl. aus der Folge der Apostel mit St. Paulus, in

D. Danckerts.

53. Die Kinder am Wasser im Garten. fol.
54a. 6 Bl. Die Folge: das Krebsleuchten, der schwankende Steg, die Schenke etc. N. Berghem inv. gr. qu. fol. 2 Bl. doppelt.
54b. 6 Bl. Viehstücke. Idem inv. qu. fol. Späte Abdrücke mit Schenk's Adresse.
55. Die Reitschule. Ph. Wouwerman p. qu. fol. 1. Abdruck mit des Meisters Adresse.
56. Dasselbe. 2. Abdruck mit der Adresse von Jan Kraelinge. Etwas rissig.
57. Dasselbe. 3. Abdruck mit Just. Danckers Adresse.
58. Die Waarenausladung am Meere. Idem p. qu. fol. 1. Abdruck mit des Meisters Adresse. Sehr schön.
59. Dasselbe. 2. Abdruck mit Justus Danckerts fecit et Excudit.

W. Delff d. Ae. und J.

60. Portrait von König Gustav Adolph von Schweden, Brustbild. M. J. Mierevelt p. fol.
*61. Jacob Cats. Idem p. fol.
62. Abr. van der Meer, Senator. Idem p. fol.

L. a Deutecum (Doetechom).

63. 12 Bl. aus der Folge der Scenen aus dem Evangelium in Architecturen, mit dem Titel: Memorabilium, Novi Testamenti, in Templo gestorum Icones etc. Crisp. Paludanus Groningensis inv. qu. fol.

A. Delfos.

64. Les Abusées. C. Troost p. gr. fol.

G. Edelinck.

65. Die Sündfluth. A. Turchi il Veronese p. Cabinet du Roy. qu. fol. Rob.-Dum. 1.
*66. Der Vierreiterkampf. L. da Vinci p. gr. qu. fol. R.-D. 44. Schöner und sehr seltner 2. Abdruck vor den Punkten in der Schwertklinge.
*67. Phil. de Champaigne. Se ipse p. fol. R.-D. 164. 1. seltner Abdruck. Sehr schön.
*68. Ferdinandus, Episcopus Paderborn. J. Michelin p. fol. R.-D. 202. 1. sehr seltner Abdruck.
69. Madame Helyot, genannt la belle Religieuse. F. Luc. Recol. inv. fol. R.-D. 223. Guter 4. Abdruck.

70. Comes Kaunitz. fol. R.-D. 228.
71. Louis XIV. in Medaillon mit reicher allegorischer Umgebung, genannt le Triomphe de l'Eglise oder l'Extirpation du Calvinisme, in 2 Bl. C. le Brun p. Imp. fol. R.-D. 258. 1. Abdruck. Etwas fleckig.
72. Derselbe zu Pferde mit reicher allegorischer Umgebung, genannt la These de la Paix. Idem p. In 2 Bl. Imp. fol. R.-D. 259. 1. Abdruck.
73. Dasselbe. Ebenso. Links bis zum Stichrand beschnitten.
74. N. Verien, Graveur. J. Jouvenay p. 8. 3. Abdruck.

J. Edelinck.

75. 3 Bl. Thetis, Tritonen etc. nach den Sculpturen von G. Guerin, T. Regnaudin etc. in Versailles. J. Edelinck und E. Baudet sc. qu. fol. fol.

N. Edelinck.

76. Portrait von Ger. Edelinck. F. Tortebat p. fol.

J. Folkema.

77. Neptun und Nymphe. F. Francia p. Dresdener Gallerie. fol.
78. Dasselbe.

J. P. de Frey.

*79. Isaak segnet Jacob. G. Flinck p. qu. fol. Radirt, wie die Folgenden. qu. fol. Auf Tonpapier.
*80. Dasselbe. Vor aller Schrift.
*81. Jacob benit les Enfans de Joseph. Rembrandt p. qu. fol. Ohne Plattenrand.
82. Christus heilt Petrus' Mutter. G. Metzu inv. 4.
83. Dasselbe. Vor aller Schrift und vor Verkürzung des Unterrandes.
84. Christus mit den Jüngern von Emaus. Rembrandt p. fol. Vor der Schrift.
85. Dasselbe. Unvollendeter Probedruck vor aller Schrift.
86. Intérieur du Menusier. Idem p. fol. Vor der Schrift (Epreuve d'Artiste).
*87. Der Schiffszimmermann. Idem p. qu. fol. Vor aller Schrift.
88. Die anatomische Vorlesung des Prof. Tulp. Idem p. qu. fol. Nebst dem Erklärungsblatt.

89. Dasselbe. Vor aller Schrift.
80. Der schlafende Greis. J. Livens del. 4. Vor der Schrift.
91. Dasselbe. Ebenso und auf Tonpapier.
92. Dasselbe. Ebenso und auf Chines. Papier.
*93. De Phylosooph. Q. Brekelenkamp p. 4.
*94. D'Eremyt. Idem p. 4.
*95. Dasselbe auf Japanisches Papier.
*96. Dasselbe. Vor der Schrift.
*97. C. van Dalen. Se ipse del. 4.
*98. Dasselbe. Vor der Schrift.
*99. Dasselbe. Ebenso und auf Chines. Papier.
*100. Der Greis im Lehnstuhle. Rembrandt p. fol. Vor der Schrift.
*101. G. Dow. Se ipse p. 4.
102. Mart. Harp. Tromp. J. Livens del. fol.
*103. Dasselbe. Vor der Schrift.
*104. Dasselbe. Ebenso und auf Chines. Papier.
*105. De Poeet G. A. Brederode. D. Ballie del. 4.
*106. Dasselbe. Vor der Schrift.
*107. Dasselbe. Ebenso und auf Chines. Papier.
*108. Der Krieger. J. Drost p. 4.
*109. Dasselbe. Vor der Schrift.
*110. Der sitzende Greis mit Stock. Ph. Koninck p. 4.
111. Dasselbe.
112. Dasselbe. Vor der Schrift.
*113. Das äpfelschälende Weib. Rembrandt del. 4.
*114. Dasselbe. Vor der Schrift.
115. Dasselbe. Ebenso und auf Chines. Papier.
116. Dasselbe. 1. Aetzdruck.
117. Mann mit Federhut. Rembrandt p. kl. 4.
118. Mann mit Federmütze. Idem p. kl. 4. Vor der Schrift.
119. Dasselbe. Ebenso.
*120. Mann mit Hut. Idem p. kl. 4. Ebenso.
*121. Rembrandt. Se ipse p. Oval. 4. Sehr selten und vor aller Schrift.
122. Pius VII., Brustbild. H. David inv. Vor der Schrift.
*123. Männliches Brustbild in Pelzmantel. Rembrandt p. Oval. 4. Sehr selten und vor aller Schrift.

8 Niederländische Schule.

* 124. Männliches Brustbild, genannt Masaniello. 8.
* 125. Dasselbe.
* 126. Dasselbe. Vor der Vollendung.
* 127. Männliches Brustbild mit Pelzmütze. 4. Sehr selten.
* 128. Portrait des Comte de Hauterive. Oval. 4. Vor der Schrift. Selten.
* 129. Landschaft mit Wasserfall. Rembrandt p. qu. fol.
* 130. Dasselbe.
131. Dasselbe. Vor der Schrift und auf Chines. Papier.
* 132. 6 Bl. Studien von Figuren nach der Natur. J. Lauwers del. fol. qu. fol. Selten.
133. Kleine Vignette mit geistlichen Wappen und Erdreich. qu. 8.

C. Galle d. Ae. und J.

134. Die Madonna in der Nische und mit den Engeln mit Fruchtgewinden, oder die Erdenkönigin. P. P. Rubens p. gr. fol. Schöner Abdruck, aber etwas verschnitten und aufgezogen.
136. Der Tod des Seneca. Idem p. fol.
137. Portrait von Dante mit Umgebungen. fol.
138. Oct. Piccolomini. A. van Hulle sc. fol.
139. Dasselbe.
140. Dasselbe.
141. J. Chr. Kress von Kressenstein. Idem p. fol.
* 142. Pet. Colins. 4.

J. de Gheyn d. Ae. und J.

143. 4 Bl. Der englische Gruss, die Flucht nach Egypten. Landschaft und Herkules, und der Ueberfluss. A. Bloemaert, K. van Mander und P. Breughel inv. fol. qu. fol.

E. de Ghendt.

144. Promenade du Prince d'Orange au Village de Schevelingen. A. van de Velde p. qu. fol.

J. Gole.

* 145a. Das fröhliche Paar. R. Brakenburg p. Schwarzkunst, wie die Folgenden. 4. Vor der Schrift. Schön.
145b. Die Wucherer. fol.
145c. Ein Geistlicher peitscht eine Dame. Indecentes Blatt. fol.

H. Goltzius.

*146. Der Prophet Jesaias. Raphael p. fol. B. 269.
*147. Der Kindermord. fol. B. 23. 1. Bartsch unbekannter Abdruck vor der Adresse. Siehe Weigel's Supplement.
148. Der englische Gruss in Raphael's Manier. fol. B. 15.
*149. Der todte Christ im Schoosse der Maria, in Dürer's Manier. 4. B. 41. Ein Hauptblatt.
*150. Die Galathea des Raphael. gr. fol. B. 270. Vor der Adresse.
151. Pygmalion und seine Statue. fol. B. 138. Dritter schöner Abdruck.
152. Die Sonne. Oval. fol. B. 141. Um das Oval beschnitten und aufgezogen.
153. 4 Bl. Die Gestürzten (les Culbuteurs). Corn. Cornelissen inv. Rund. fol. B. 258—261. Um die Rundungen beschnitten.
*154. 9 Bl. Die Musen. fol. B. 146—154. 1. Abdrücke vor der Adresse.
155. 3 Bl. Die antiken Statuen in Rom mit Staffage. fol. B. 143—145. Ebenso schön.
*156. Joh. Bol, Maler. fol. B. 161.
157. 2 Bl. Männliche Köpfe. 4. B. App. 84, 85. Vor der Adresse.
*158a. Mars. Clairobscur. fol. B. 230.
*158b. 6 Bl. aus der Folge der Götter und mit dem Titel oder dem Magier. Clairobscur. fol. B. 232—235, 237, 238. Aufgezogen.
*158c. St. Magdalena. Clairobscur. 4. B. 227.
*158d. St. Johannes der Täufer. Ebenso. fol. B. 226. Mit dem Namen des Druckers.
*158e. Elias von Raben gespeist. Ebenso. 4. B. 226a.
*158f. Bacchus. Ebenso. B. 228.
*158g. Der junge Mann. Ebenso. 8. B. 240.
*158h. Dasselbe. Bloss mit einer Platte gedruckt, und auf blau Papier. Bartsch und Weigel unbekannt.
*158i. Das Seestück nach C. van Wieringen. Clairobscur. qu. fol. B. 226. Mit dem Namen des Druckers Willem Jansen.
*158k. 4 Bl. Landschaften. Ebenso. qu. 4. B. 242—245.

*159. Die Landschaft mit dem Schafhirten. Clairobscur.
qu. fol. B. 241. Ebenso schön.
*160. 2 Bl. Der Schlag des Herkules. Clairobscur. fol.
B. 231. Nebst der neuen Copie aus dem v. Eye'schen
Werke.
*161a. Stehender Krieger. Holzschnitt auf blau Papier. 4.
Fehlt Bartsch und Weigel.
Jul. Goltzius.
161b. Das Wappen des Erzbischof Torrentius, mit Randbildern. L. Schekel inv. fol.
H. Goudt, Pfalzgraf.
*162. Der grosse Tobias. A. Elsheimer p. qu. fol.
Sehr schöner Abdruck, wie die Folgenden.
Ohne Plattenrand.
*163. Jupiter und Merkur bei Philemon und Baucis. Idem p. qu. fol.
164. Ceres und Stellio. Idem p. fol. Von erster Schönheit.
A. Haelwegh.
165. Ein Prinz von Dänemark, Medaillon mit allegorischen Figuren, der Auferstehung Christi und vielen Wappen. Min Kron, mit Lif etc. gr. fol.
166. Sim. Paulli. Büste. C. van Mander p. 4.
167a. Portrait eines Prinzen von Dänemark. Hoc vultu cuperet. Idem p. fol.
P. Holsteyn.
167b. 2 Bl. H. Pauw und Guil. Ripperda. G. Terburg p. fol.
H. Hondius d. Ae. und **J.**
168. 3 Bl. Narren in Landschaften. P. Breughel inv. qu. 4.
169. 2 Bl. Die Faulen. H. Holbein und J. a Winghe inv. fol.
170. 6 Bl. meist aus der Niederländischen Malerportraitsammlung. 4.
W. Hondius.
*171. Geerb. Comes à Doenhoff. 4.
J. Houbraken.
*172. Petrus I., Keizer van Rusland. C. de Moor p. fol.
*173. P. Corn. Hooft. M. v. Mierevelt p. fol.
174. van Imhoff. J. M. Quinkhard p. 8.

*175. Fr. B. Kok. Rembrandt p. gr. 8.
176. F. van Collen. J. Wandelaar p. fol.
177. Ungenanntes Portrait mit Minerva. Quem Cameracensi etc. Idem p. fol.
178. G. W. Baron van Imhoff. J. M. Quinkhard p. fol.
179. Dasselbe.
180. S. Eikelenberg. C. Pronk del. 4.
181. N. Struyck. J. M. Quinkhard p. fol.
182. J. J. Vitriarius. H. van der My p. fol.
183. Joh. de Gorter. J. M. Quinkhard p. fol.
184. Joh. Wesselius. J. M. Quinkhard p. fol.
*185. Fr. van Mieris d. J. Se ipse p. fol.
186. Romein de Hooghe. H. Bos p. fol.
187. Nic. Verkolje. Se ipse p. fol.
*188. J. C. Weyerman. C. Troost p. 4.
189. K. de Moor. A. Schouman del. 8.

P. de Jode d. Ae.
190. Die heilige Familie. B. Spranger inv. fol.

P. de Jode d. J.
191. Der Besuch Mariä bei Elisabeth. P. P. Rubens p. gr. fol. Alter guter Abdruck. Ein Theil des untern Schriftrandes abgeschnitten.
192. Madonna mit dem Kinde. Idem p. fol. 2. Abdruck mit Quellinus' Adresse.
193. Die Entzückung des heiligen Augustinus. A. van Dyck p. gr. fol. 2. Abdruck mit Bonenfant's Adresse.
194. Dasselbe. 3. Abdruck mit zugelegter Adresse.
195. Das Wunder des heiligen Martin, Bischof. J. Jordaens p. roy. fol. Aufgezogen.
196. Rinaldo und Armide. A. van Dyck p. gr. fol. Alter Abdruck mit Caspeel's Adresse.
197. Neptun und Cibele. P. P. Rubens p. fol.
*198. Portrait von Thom. Ricciardi. S. Vouet del. 4.

Karolus.
199. Christi Bergpredigt. Lambertus Lombardus inv. qu. fol. 1. Abdruck vor dem Namen.

N. Lauwers.
200. Das Concert der heiligen Cäcilia. G. Seghers inv. qu. fol. 2. Abdruck mit Meyssens' Adresse. Aufgezogen.

12 Niederländische Schule.

201. Der Triumph des neuen Bundes in 2 Bl. P. P. Rubens p. qu. roy. fol. Alter schöner Abdruck. Aufgezogen.

W. de Leeuw.
202. Die Jagd des Eber. Idem p. gr. qu. fol. Später Abdruck mit van Merlen's Adresse.

A. Liernur.
203. De Jonge Stier (le jeune Taureau). P. Potter p. Gallerie im Haag. Aquatinta. qu. roy. fol.

A. Lommelin.
204. Die Zeit befreit die Wahrheit, oder der Sieg über das Ketzerthum, in 2 Blättern. P. P. Rubens p. qu. roy. fol. Später Abdruck mit Landry's Adresse. Brüchig.

P. Lauw.
205. Die lesende Alte. Rembrandt p. Schwarzkunst. fol.

J. Marinus.
206. Die heilige Familie mit St. Johannes. J. van Hoeck p. fol. Aufgezogen.
207. Das Märtyrerthum der heiligen Apollonia. J. Jordaens p. gr. fol. Alter Abdruck, vor dem zugelegten Privilegium.
208. Das Wunder des St. Ignatius Loyola. P. P. Rubens p. gr. fol. Alter Abdruck. Am Rande aufgezogen.

A. Matham.
209. Portrait von J. Verplancken. J. Luttichuys p. fol.

J. Matham.
210. Jesus Christus, Brustbild. H. Goltzius inv. 8. B. 116a.
211. St. Paulus, in ganzer Figur. Idem inv. fol.
*212. Der Calvarienberg. A. Dürer p. gr. fol. B. 97. Guter 3. Abdruck.
213. Das Märtyrerthum des Dineer. G. Tintoretto p. gr. qu. fol. B. 192. 2. Abdruck mit N. Visscher's Adresse. Dieser Abdruck fehlt Bartsch und Weigel. Links etwas verschnitten und brüchig.
214. 3 Bl. aus der Folge der Liebschaften der Götter. H. Goltzius inv. fol. B. 156, 157, 159.
215. 7 Bl. Die Folge der Laster. Idem inv. fol. B. 132—138. 2. Abdrücke.

216. Luna als Göttin der Liebe. Idem inv. qu. fol. B. 148.
217. Apollo. Corn. Cornelissen inv. fol. B. 95. 1. Abdruck vor der Adresse.
218. Amor und Pan. J. Cesari d'Arpino inv. qu. fol. B. 91. 1. Abdruck.
*219. Abr. Bloemaert. P. Moreelse p. fol.

T. Matham.

220. Die Vision des St. Petrus. J. Lys p. T. Matham oder J. Falck sc. Cabinet de Reynst. fol.
221. Dasselbe.
222. Die Malerei mit dem Genius. Guido Reni p. Ebenso. fol.
*223. Simon Episcopius. M. Sorg p. fol. Ohne Plattenrand.
*224. Th. Craeswinckel. M. Mierevelt p. fol.
*225. Jacob Aertsen Colom, Astronom, am Meere sitzend und zeichnend. qu. fol. Vor der Schrift.
226. Bocco à Burmania. Oval. 8.

P. Merecinys (a Merica).

227. Camelia Solimanni Filia. Oval. 4.

M. Mosyn.

228. Satyrn und Nymphen. C. Holsteyn p. qu. fol. Aufgezogen.

J. Müller.

229. Cain tödtet Abel. C. Cornelissen inv. qu. fol. B. 29.
*230. Madonna mit dem Kinde. fol. B. 7. 1. Abdruck.
231. Herkules tödtet die Schlange. A. de Vries inv. fol. B. 87.
232. Arion auf dem Delphin. C. Cornelissen inv. fol. B. 32.
233. Ulysses' Kampf mit Irus. Idem inv. fol. B. 30. 1. Abdruck.
234. B. Spranger. fol. B. 21.
235. Moritz von Nassau. Brustbild. H. Müller exc. fol. Zweifelhaft.
*236. 2 Bl. Erzherzog Albert und Gemahlin Isabella Clara Eugenia. P. P. Rubens p. fol. B. 62 und 63. Hauptblätter in schönen Abdrücken. Ohne Plattenrand.

M. Natalis.

*237. St. Bruno im Gebet, genannt das Gebet des Carthäusers. Bertholet Flemael p. gr. fol. 1. Abdruck vor der Adresse von Drevet und mit der angesetzten Schriftplatte.
238. Dasselbe Hauptblatt. Ebenso. Etwas gebräunt.
239. Die grosse heil. Familie im Louvre. Raphael p. fol.
240. Die grosse Ruhe auf der Flucht der heiligen Familie. S. Bourdon p. qu. fol. 2. seltener Abdruck mit der Adresse von Mariette, welche später zugelegt.
241. Das Gastmahl Simon's mit der Sünderin. P. P. Rubens p. qu. fol.

J. Neeffs.

242. Die Begegnung Melchisedech's mit Abraham, in 2 Bl. P. P. Rubens p. qu. roy. fol. 1. Abdruck mit Hendricx' Adresse. Aufgezogen.
243. Christus am Kreuz, Maria, Johannes, St. Magdalena und Krieger. P. P. Rubens p. gr. fol. Ebenso.
244. Die Krönung der Maria durch Gott Vater und Sohn. G. Seghers inv. fol.
245. St. Rochus bittet für die Pestkranken. E. Quellinus p. fol.
246. Dasselbe.
247. Der Satyr beim Bauer. J. Jordaens p. qu. fol.
248. Coridon und Sylvia. Idem inv. qu. fol.

C. de Passe.

249. Die Anbetung der Könige. J. Bellange inv. fol.
250. 4 Bl. Scenen aus Lot's Leben. Rund. kl. 4.
251. 4 Bl. Die Lebensalter mit ihren Beschäftigungen. M. de Vos inv. qu. fol.
252. 60 Bl. Darstellungen aus dem ersten Buche Mose. qu. 8. Spätere Ausgabe mit holländischem Text und der Adresse von G. Valck.
253. 11 Bl. Deutsche Kaiser zu Pferd. G. Ens (J. Heintz?) und A. Braun p. 8.
254. Erzbischof Lothar von Trier. Geldorp Gortzius p. fol.
255. Conr. Baro in Bemelberg. 4.
256. Dan. Laelius. P. Eissel sc. In Passe's Manier. Rund. 8.

*257. 8 Bl. Jacob I., Anna, Prinz Carl (Carl I.) von England, und Infantin Maria von Spanien, nebst ihren Wappen. Oval. kl. 8. Neuere Abdrücke. Die Platten haben als Spielmarken (Counters) gedient, siehe die beigelegte ausführliche handschriftliche Notiz des seligen Herrn Börner.

S. Passe.

*258. Comes Ernestus Mansfeld. Brustbild. fol.

W. Passe.

259. David die Harfe spielend. A. Bloemaert inv. fol.

R. à Persyn.

260. La Vieille et le Soldat. P. P. Rubens p. qu. fol.
*261. Das männliche Portrait mit dem Hute. (Sybrant Camey Mercator Hollandiae.) Piu tosto star etc. J. Sandrart del. Oval. 4.
262. Bald. Conte de Castillion detto il Corteggiano. Raphael p. fol.
*263. Dasselbe in 1. Abdruck vor: Amsterd., nach: exc. links und vor: in aedibus Alph. Lopez unter: Sandrart, rechts. Sehr schön.

J. C. Philips.

264. Pet. Gribius. Halbfigur. T. van der Wilt p. fol.

N. Pitau.

265. 13 Bl. Christus und Heilige, in ganzen Figuren. Standbilder. N. Pitau, C. Lauwers und J. Lenfant sc. H. Weyen exc. fol.
266. Die heilige Familie in Neapel. Raphael p. fol. Vor der Adresse. Etwas fleckig.
*267. Madonna mit dem gewickelten Kinde. Doctor Parvulorum. Ph. de Champaigne p. fol. 1. Abdruck mit der Adresse von van Merlen und der Jahrzahl 1659.
268. Dasselbe. 2. Abdruck mit derselben Adresse, aber die Jahrzahl zugelegt. Faltig.
*269. Alex. Pauli fil. Petavius. C. Le Fevre p. fol.
*270. Henr. Lud. Habert de Montmor, Brustbild. J. P. Flocquet p. fol.
*271. Derselbe, Gürtelbild mit dem Briefe in der Hand. Ph. de Champaigne p. gr. fol.

P. Pontius.

272. Die Darstellung im Tempel. P. P. Rubens p. roy. fol. Alter Abdruck. Fleckig, ausgebessert und aufgezogen.
273. Madonna mit dem Kinde und St. Anna. G. Seghers p. fol. Braun und aufgezogen.
274. Die Flucht der heiligen Familie. J. Jordaens p. gr. qu. fol. Schöner Abdruck vor der Adresse. Ohne Plattenrand.
275. Madonna mit dem Kinde erscheint dem heiligen Franciscus Xaverius. G. Seghers p. fol.
*276. St. Rochus bittet für die Pestkranken. P. P. Rubens p. gr. fol. Schön.
277. 12 Bl. Die Capitalfolge der antiken Büsten der Philosophen und Kaiser. P. P. Rubens del. Pontius, Withouc, Vorsterman etc. sc. fol. Ebenso.
278. 4 Bl. Doubletten aus derselben Folge. Fleckig.
*279. Das Portrait von Rubens mit dem Hute. Se ipse p. fol. fol. Schöner Abdruck, mit dem: et excudit. Der Rand unterlegt.
280. C. Gevartius. Kniestück. Idem p. fol.
281. Nic. Bruyant. 4.
282. Grosse reiche These mit den beiden österreichischen Prinzen, von allegorischen Figuren umgeben, in 2 Bl. A. v. Diepenbeke del. imp. fol. Schöner Abdruck. Fleckig, faltig und aufgezogen.
283. These mit Randbildern und Inschriften, gehalten zu Douay 1636. gr. qu. fol.

S. de Praet.

*284. Der Metropolit Miletius am Tische sitzend, Kniestück. W. Hondius del. Gedan. 1645. fol. Sehr selten.

J. Punt.

285. Proposition de Mariage aux Parens de Sarotte. C. Troost p. Punt und Tanjé sc. fol.

F. Ragot.

286. 3 Bl. Himmelfahrten der Maria, nach P. P. Rubens, Rinaldo und Armide nach A. van Dyck. gr. fol.

E. Sadeler.

*287. Die Madonna im Grünen. A. Dürer del. fol.

J. Saenredam.

*288. Die Geisselung Christi. G. Cesari d'Arpino p. gr. fol. Aufgezogen und etwas fleckig.
289. Die drei Marien auf dem Wége zum Grabe des Herrn. B. Spranger inv. fol. Beschnitten und aufgezogen.
290. Der Raub der Sabinerinnen. D. Calvaert inv. fol. 1. Abdruck mit P. de Jode's Adresse.
*291. Allegorie auf die Vermählung Ferdinand's II. fol. Schöner Abdruck, obwohl die Adresse ausradirt.
292. Minerva als Beschützerin der Künste. B. Spranger inv. fol.
293. Casp. Kapler à Sulewitz. 4.
*294. Marq. Freherus, Halbfigur. fol.

J. Sadeler.
295. 2 Bl. Maria von Engeln gehuldigt, das eine mit dem von Corn. Verdonck componirten Magnificat. M. de Vos und J. van Achen inv. qu. fol.
296. 7 Bl. Landschaften nach P. und M. Bril. qu. fol.
297. Otto Henr. Comes à Schwarzenberg, Kniestück am Tische. fol.
298. Herdesianus, Halbfigur. fol.
299. Orlando Lasso, mit Dedication an denselben. Pour Repos Travail. 8. Scharf beschnitten.

R. Sadeler.
300. Herzog Carl Emanuel I., der Grosse, von Savoyen, zu Pferd. fol.

J. Saenredam.
301. 6 Bl. aus der Folge der Sünderinnen. H. Goltzius inv. 4. B. 45 etc. 2 Bl. doppelt.
302. Der Tod des Scipio. Pol. da Caravaggio inv. qu. fol. B. 31.
*303. Der gestrandete grosse Potfisch mit Graf Ernst von Nassau und Gefolge. gr. qu. fol. B. 11. 2. guter Abdruck dieses Capitalblattes.
304. Die sogenannte Jagd des Prinzen Moritz von Nassau. Reiche historische Allegorie. gr. qu. fol. B. 10. Guter Abdruck eines Hauptblattes.
*305. Andromeda. H. Goltzius inv. fol. B. 80.
306. Vertumnus und Pomona. A. Bloemaert inv. gr. fol. Grauer 4. Abdruck, siehe Weigel Suppl.
307. Venus, Bacchus und Ceres. Idem inv. fol. B. 28.

18 Niederländische Schule.

308. 7 Bl. Die Planeten mit ihren Beschäftigungen. H. Goltzius inv. fol. B. 73—79. Schöne Abdrücke, aber bis an die Stichränder beschnitten und der Rand unterlegt.
*309. Allegorie auf die gute und böse Natur. C. Ketel inv. gr. fol. B. 106. 1. Abdruck und äusserst seltnes, Bartsch und Weigel unbekanntes Exemplar mit einem deutschen Gedicht in Typendruck: Erklarung dieser Spiegel oder Gedechtnuss der dankbarheit und undankbarkeits.
*310. Die holländischen Marktleute. II. Goltzius inv. qu. fol. B. 102. 1. Abdruck.
*311. 3 Bl. mit 9 der 12 Segmente eines Himmels-Globus, herausgegeben von Wilh. Jansson aus Alkmar. Gezeichnet und gestochen von J. Saenredam. Mit Dedication an Prinz Moritz von Nassau. 3 Bl. in fol. Fehlt Bartsch und Weigel und zeither unbekannt.
312. Joh. Hogerbetius. K. v. Mander inv. fol. B. 114.

M. Sallieth.

313. 4 Bl. Niederländische Hafenansichten mit vielen Schiffen. D. de Jong del. qu. fol.

S. Savery.

*314. And. Colvius. A. Cuyp p. fol.
315. Die Cavalcade bei der Reise der Maria von Medicis, nach Martss de Jonge. Aus dem Buche von Barlaeus. Schmal gr. qu. fol.

P. Schenk.

*316. Der Musikunterricht oder die Lautespielerin. Schwarzkunst, wie die Folgenden. fol.
317. Das Liebespaar. Copie nach C. Visscher's Blatt: het zoute Scholletje nach A. van Ostade. 4.
*318. Le Mari Confesseur. Dit Madeleentje biecht etc. fol.
319. Küster und Dame, eines der indecenten Blätter des Künstlers. fol.
320. Schäferin in einer Landschaft. fol.
321. Portrait des Königs Johann III. von Polen. Oval. fol.
322. 4 Bl. Künstlerportraits. Der Meister selbst, P. v. d. Plass, G. Schalken und C. Wermuth. fol.
323. 2 Bl. J. Romanus und S. Verchius. fol.
324. 11 Bl. Farbendrucke von Grabstichelblättern. Vasen,

Vögel, Eidechse etc. In verschiedenem Format. Diese Blätter wurden früher dem J. C. Le Blon fälschlich zugeschrieben, mit dessen trefflichen Arbeiten sie weder in Technik nach Kunst zu thun haben.

325. Ungenanntes Damenportrait in einem Blumenkranz. Farbendruck einer geschabten Platte. fol. *)

P. van Schuppen.

326. St. Paulus zum Himmel getragen. J. B. de Champagne del. 8.

*327. Portrait von J. F. Borri. J. Ovens p. fol. Ein Hauptblatt.

328a. Louis XIV., Brustbild. C. Le Febure p. 8.

C. van Sichem.

*328b. Graf Otto Heinr. von Schwarzenberg. H. Goltzius inv. fol. B. 3.

F. Siehelemans.

*329. Portrait des französischen Schönschreibers und Schulmeisters zu Vliessingen, David Roelands von Antwerpen,

---

*) Bei diesem Blatte hat der verstorbene Besitzer Folgendes bemerkt: Den Namen der im beyliegenden Blatt abgebildeten Dame kenne ich zur Zeit nicht.

Ich vermuthe, die Platte sey von Peter Schenk bearbeitet oder doch für seinen Verlag ausgeführt worden.

Schenk hat Versuche im Farbendruck gemacht, verwendete aber nicht mehrere Platten, wie Le Blon that, um Ein Bild in Farben damit herzustellen, sondern trug die verschiedenen Farben auf eine einzige Platte auf und druckte sie mit diesen ab. Diese Procedur nahm er mit verschiedenen Platten vor, welche mit dem Grabstichel gestochen waren: die scheckigen Abdrücke, welche solche lieferten, konnten begreiflicherweise den Mann von Geschmack nicht befriedigen, sie mögen indessen doch ihr Abnehmerpublikum gefunden haben. Mehr als mit dem Grabstichel gestochene Platten eigneten sich in Schabemanier bearbeitete Platten für den Bunt- oder Farbendruck, doch wurde auch mit solchen nicht erreicht, was Le Blon erreichte, indem er mehrere Platten zu dem farbigen Drucke Einer Vorstellung bearbeitete und benutzte, wobey ihm auch noch zu Statten kam, dass er ein guter Maler war und zu berechnen wusste, welche Wirkung die aufeinander gedruckten Hauptfarben hervorbringen würden, wenn für jede eine besondere Platte zugerichtet werde.

Zu dem Bildnisse diente eine geschabte Platte, der farbige Abdruck derselben ist den, von gestochenen Platten herrührenden vorzuziehen, ist jedoch unbefriedigend.

Die hier besprochenen Schenk'schen Farbendrucke kommen jetzt wenig mehr vor.

nebst Schreibschrift, aus dessen Magazin oft Pachuys der hoffelycke Penn-const. qu. fol.

J. van Somer.

*330. Männliches Portrait mit Pelzmütze, wahrscheinlich der Meister selbst. 1671. Schwarzkunst. fol.

P. Soutman.

331. Die Cavalcade des Grosssultan. P. P. Rubens (A. Elsheimer) p. fol. 2. Abdruck.
332. Das Märtyrerthum des heiligen Laurentius. A. Elsheimer inv. fol.
333a. Dasselbe.
333b. Dasselbe.
*334. Die Gefangennehmung Christi. A. van Dyck inv. qu. fol. 1. Abdruck mit des Meisters Adresse.
*335. Die Wolfsjagd. P. P. Rubens p. gr. qu. fol.
336. Das Bacchanal mit dem trunkenen Silen. Idem p. gr. qu. fol. 2. Abdruck mit F. de Witt's Adresse.
337. Venus auf dem Meere. Idem p. qu. fol. 2. Abdruck mit Cl. de Jonghe's Adresse.

P. van Sompel.

338. Maria Coniux Henrici IV. A. van Dyck p. fol. Beschnitten und aufgezogen.

F. van de Steen.

339. Madonna mit dem Kinde. A. Dürer p. fol. Neuer Abdruck.
340. Christus am Kreuz, in 2 Bl. Idem inv. roy. fol. Ebenso.
341. Maria bei Christi Leichnam. Oval. fol.
342. Die Apotheose des Kaisers Ferdinand III. J. v. Sandrart inv. roy. fol. Aufgezogen.

L. Suavius.

343. 8 Bl. aus der Folge der Sibyllen. Lambertus Lombardus inv. 8.

J. Suyderhoef.

344. Die Grablegung. M. A. da Caravaggio p. fol. Wussin 107.*) Vor der Adresse.

---

*) Jonas Suyderhoef. Verzeichniss seiner Kupferstiche, beschrieben von Joh. Wussin, 1. Custos bei der K. K. Universitätsbibliothek in Wien. Leipzig 1861. Der Verfasser bringt nächstens den Catalog von Cornelius Visscher.

*345. Der trunkene Silen. P. P. Rubens p. fol. W. 109.
Sehr seltner zweiter Abdruck.
*346. Der Bauerntanz. A. van Ostade p. fol. W. 128.
1. Abdruck.
347. Der Gebirgsweg oder die heimkehrende Heerde. N. Berghem p. fol. W. 130. 1. Abdruck.
348. Dasselbe. Ebenso, der Druck weniger schön.
*349. Sam. Ampsing. F. Hals p. fol. W. 6. 1. Abdruck vor aller Adresse.
350. Marc. Zuer. Boxhorn. F. Dubordieu p. fol. W. 14. 1. Abdruck. Etwas verschnitten.
351. Dasselbe. Ebenso und mit der angesetzten Schriftplatte, wie das Exemplar in der Albertina, siehe Wussin. Etwas fleckig im Kopfe.
352. J. de la Chambre. J. Hals p. fol. W. 18.
*353. Jac. Crucius. 4. W. 21.
354. Const. L'Empereur ab Oppyck. J. Baudrigen p. fol. 3. Abdruck.
355. Dasselbe. 4. Abdruck.
*356. Adr. Heereboord. P. Dubordieu p. fol. W. 32.
*357. Fr. Heermans. J. van der Geest p. 4. W. 37.
*358. Dan. Heinsius. J. Merck p. fol. W. 35. 2. seltner Abdruck.
359. Dasselbe. Ebenso, der Druck weniger schön.
*360. H. de Keyser. T. de Keyser del. 4. W. 46.
*361. Dasselbe. Mit der angesetzten Typenplatte.
*362. Jac. Revius. F. Hals p. fol. W. 71. 2. schöner Abdruck.
*363. El. Swalmius, im Lehnstuhle. Rembrandt p. fol. W. 84. 1. Abdruck.
*364. Dasselbe. Ebenso.
*365. Swalmius, sitzend. F. Hals p. fol. W. 86.
*366. Tegularius. Idem p. fol. W. 88.

P. Tanjé.

367. Der bekränzte Held. P.P.Rubens p. Dresdn. Gall. fol.
368. Der Tanz der Liebesgötter. F. Albani p. Dresdner Gallerie. qu. fol.
369. Dasselbe.
370. Dasselbe.

P. J. Tassaert.

371. Jonas wird ins Meer gestürzt. P. P. Rubens p. Radirt. qu. fol.

372. The Virgin teaching the Infant Jesus. C. Maratti p.
Schwarzkunst. gr. fol.
373. Rubens's Family. P. P. Rubens p. Ebenso. qu. fol.

A. Vaillant.

374. Magn. Gab. de la Gardi. D. Klöcker p. fol.

G. Valck.

*375. Ortance Manchini, Duchesse of Mazarin, Kniestück.
P. Lely p. fol.
*376a. Madam Gwin als Schäferin, Kniestück. Idem p.
fol. Ebenso schön wie das Vorige.
376b. Louise, Dutchesse of Portsmouth als Schäferin. Idem p.
Schwarzkunst, wie die Folgenden.
377a. James, Duke of Yorck, Brustbild. Idem p. 4.
*377b. Madam Davids, Schauspielerin und Geliebte Königs
Carl II. von England. Idem p. 4. Schön und
sehr selten.
*377c. Dieselbe, 1678. Idem p. Eine zweite Platte. 4. Ebenso.

T. Verkruys.

378. St. Franciscus mit dem Crucifix. C. Maratti inv. fol.

C. Visscher.

379. Die Grablegung. G. Tintoretto p. Cabinet de
Reynst. fol. 3. guter Abdruck mit N. Visscher's
Adresse.
380. Christi Himmelfahrt. Paolo Veronese p. Cabinet
de Reynst. fol. Alter Abdruck.
381. 11 Bl. aus der Folge der Flandrischen Heiligen, mit
dem Titel: Jesu Christo fideli militantis Ecclesiae etc. etc.
P. Soutman inv. fol. 1. Abdrücke mit Sout-
man's Adresse.
*382. Die Waffelbäckerin. fol. 1. Abdruck mit Cl. de
Jonghe's Adresse. Capitalblatt.
383. Dasselbe. Ebenso. Der Druck weniger schön.
384. 3 Bl. Der Kalkofen, der beraubte Postwagen. P.
de Laer p. Cabinet de Reynst. qu. fol. Spätere
Abdrücke mit Valck's Adresse. 1 Bl. doppelt.
385. 2 Bl. Die Räuber und die Hirten, genannt der Krieg
und der Friede. Idem p. fol.
386. 2 Bl. Dieselben.
387a. 2 Bl. Das letztere noch zweimal.
387b. Der Hufschmied. Idem p. Cabinet de Reynst.
qu. fol.

388a. 4 Bl. Viehstücke. N. Berghem del. fol. qu. fol. Spätere Abdrücke.
388b. 4 Bl. dergleichen. Idem del. fol.
*389. Die grosse Katze. qu. 4. Alter Abdruck mit N. Visscher's Adresse.
*390. Gellius de Bouma, einer der sogenannten grossen Bärte. fol. 1. Abdruck vor der Jahrzahl und Adresse. Sehr schön.
*391. Coppenol, der Schreibmeister. fol. Schön.
392. Pet. Scriverius. fol. Ebenso.
*393. Dav. Pieterz. de Vries. 4. 2. schöner Abdruck mit dem Lorbeerkranz. Sehr selten.
*394. Das Weib mit der Pelzmütze, genannt die Mutter des Meisters. 4. Schön.

J. Visscher.

395. Das grosse Viehstück mit dem beladenen Pferd. N. Berghem p. gr. qu. fol. Guter Abdruck mit F. de Witt's Adresse.
396. Dasselbe. Ebenso.
397. Dasselbe. 3. Abdruck, die Adresse zugelegt.
*398. Das grosse Viehstück mit dem schlafenden Hirtenpaar. Idem p. gr. qu. fol. Guter Abdruck mit F. de Witt's Adresse.
399. Dasselbe. Ebenso.
400. Das mittlere Viehstück mit dem gemelkten Schaf. Idem del. qu. fol. Ebenso.
401. Dasselbe. Ebenso.
402. Das Viehstück mit dem Hirten mit dem nackten Rücken. Idem del. qu. fol. 3. Abdruck mit Schenk's Adresse.
403. Dasselbe. 4. Abdruck, die Adresse zugelegt.
404. 4 Bl. Die grossen Viehstücke. Diversa Animalia quadrupedia. Idem del. qu. fol.
405. 4 Bl. Die Tageszeiten. Idem del. qu. fol. 2. gute Abdrücke mit Justus Danckerts' Adresse.
406. 4 Bl. Viehstücke. Idem del. qu. fol. Das erste Blatt abgeschnitten.
407. 4 Bl. Dieselben. 2. Abdruck mit Schenk's Adresse.
408. 9 Bl. dergleichen. Idem del. Dabei 3 Bl. der vorigen Folge. qu. fol. Die Schriftränder abgeschnitten.

409. 2 Bl. Viehstücke aus verschiedenen Folgen. Idem del. fol.
*410. 4 Bl. Dergleichen. Idem p. fol. Vor der Schrift.
411. 6 Bl. Dergleichen. Idem del. qu. 4.
412. 4 Bl. Dergleichen. Idem del. qu. fol. 2. Abdrücke mit Theod. Danckerts' Adresse.
413. 4 Bl. Dergleichen. Idem del. qu. 4. 2. Abdrücke mit N. Visscher's Adresse.
414. 4 Bl. Dieselben. 3. Abdrücke mit Ottens' Adresse.
*415. Der Bauerntanz. Idem del. gr. fol. 1. sehr seltner Abdruck vor dem Cum Privilegio. Schön restaurirt.
416. Die beiden Bauern mit der Wirthin (de Borstevoelder). A. van Ostade p. fol. 2. guter Abdruck mit de Witt's Adresse.
417. Der Räuberüberfall. P. de Laer p. Cabinet de Reynst. qu. fol. Späterer Abdruck.
418. 12 Bl. Die Dorfansichten. Regiunculae amoenissimae. J. van Goyen del. qu. fol.
419. 4 Bl. Die Féldlager oder die Markedenterzelte. Ph. Wouwerman p. gr. qu. fol. Schöne Abdrücke mit Dancker Danckerts' und J. Cralinge's und F. de Witt's Adresse, das eine ein frühester sehr seltner Abdruck mit P. Bouwerman anstatt P. Wouwerman.
420. 3 Bl. Soldaten mit Pferden in Landschaften. Idem p. qu. fol. Dabei 2 Bl. in sehr seltenen 1. Abdrücken mit P. Bouwerman und F. de Witt's Adresse. 1 Bl. doppelt.

L. Visscher.

421. Leon. Golling, Kniestück. H. Popp p. fol.

N. Visscher.

422. T'lluys te Lovensteyn mit den Portraits von Hugo Grotius und Romb. Hogerbeetz. qu. fol.
423. Das Feldlager. Die Waccht die wint. J. Martss de Jonge inv. qu. fol.
424. 2 Bl. Titelblatt zu Emblemes d'Amour und t'Slot te Purmerendt. qu. 4.
425. 33 Bl. aus der Folge: Theatrum praecip. urbium Ducatus Brabantiae, nec non Comit. Flandriae et Zelandiae, mit reicher Staffage. qu. fol.

A. Voet.

426. Die Spieler, oder der verlorene Sohn. C. de Vos p. qu. fol. Aufgezogen.

L. Vorsterman d. A.

*427. Der Sturz der rebellischen Engel. P. P. Rubens p. gr. fol. 1. Abdruck vor der Adresse. Sehr schön. Der Rand unterlegt.
428. Die Anbetung der Hirten. Pet. Venio dedicirt. Idem p. gr. fol. Alter Abdruck. Etwas fleckig.
*429. Die Anbetung der Könige mit den Fackeln. Idem p. gr. fol. Capitalblatt in altem, sehr schönem Abdruck.
*430. Die Flucht der heiligen Familie. Idem p. fol. Alter Abdruck.
*431. Die Abnehmung vom Kreuz, in der Cathedrale von Antwerpen. Idem p. gr. fol. 1. Abdruck, bloss mit des Meisters Adresse. Sehr schön.
432. Die Stigmatisirung des heiligen Franciscus. Idem p. gr. fol. 1. Abdruck, bloss mit des Meisters Adresse.
433. Die Stigmatisirung des heil. Franciscus. G. Seghers inv. fol. Ebenso.
434. Die heilige Margaretha. Raphael p. fol. Alter schöner Abdruck. Bis zum Stichrand beschnitten, der Schriftrand ganz fehlend und aufgezogen.
435. Die Spieler bei Kerzenlicht. J. de Coster p. qu. fol. Ebenso.
*436. Thom. Howardus, Dux et Comes Norfolciae etc. H. Holbein p. fol. Schön.

L. Vorsterman d. J.

437. Aeneas und Anchises in der Unterwelt. P. P. Rubens p. fol.
*438. Dasselbe. 1. Abdruck weniger vollendet, rechts fehlt z. B. der Baumstamm.
439. Satyr und Tiger. Idem inv. fol.
440. 2 Bl. Jagden. F. Snyders inv. Vorsterman und Lauwers sc. qu. fol.

N. van Werd.

441. Portrait von Jacob Böhme in reicher allegorischer Umgebung. D. Stierhout del. gr. fol. Etwas fleckig.

26 Niederländische Schule.

B. van Westerhout.
442. Das Wunder des heiligen Franz Xaver, nach P. P. Rubens, als These. 1694. gr. fol. Fleckig und aufgezogen.

H. Wierx.
443. Madonna mit dem Kinde von Thomas à Kempis verehrt. 8.
*444. Der Calvarienberg. Ibi crucifixerunt eum etc. 8.
*445. Votivbild, dem Erzbischof J. Malderus gewidmet. 8.
*446. Dame in reicher Kleidung im Lehnstuhle. Spaert Heere v. Volck. 1569. 4. Bis nahe dem Stichrand beschnitten.
447. Christophorus ab Assonville, Reg. Cath. Consil. Oval. 8. Der Name abgeschnitten.

J. Wierx.
*448. Das Festmahl mit dem Todtentanz. qu. 4.
449. Jan. Curtius S. D'Oupie, Vivignis etc. 1607. Oval. 8.

J. Witdoec.
450. Die heilige Familie. C. Schut inv. Oval. fol. 1. Abdruck mit H. Witdoec's Adresse.

P. VVtewael (Utewael).
451. Cornel. Alvarus, Halbfigur mit dem Modell einer Kirche in der Hand, in der Ferne eine Schlacht. fol.

F. van den Wyngaerde.
452. Das Göttermahl, oder die Hochzeit von Thetis und Peleus. P. P. Rubens inv. Radirt. qu. fol.
*453. 2 Bl. reiche Landschaften. Tizian inv. Ebenso. qu. fol.

II. Radirungen.
Original-Arbeiten in Aetzungen, Stichen, Schwarzkunst und Holzschnitten. (Peintres-Graveurs.)

J. van Aken.
*454. 2 Bl. Landschaften. qu. 4. B. 10, 15. Selten. Ersteres etwas verschnitten.
455. 4 Bl. Die Rheinansichten. H. Sachtleven inv. qu. fol. B. 18—21. 3. Abdrücke mit N. Visscher's Adresse.
456. 6 Bl. Die Pferde. qu. 8. B. 1—6. Copien.

J. Almeloveen.
457. 3 Bl. Landschaften. qu. 4. B. 23, 24, 26.

H. J. Antonissen.
*458. Die Kuhheerde am Flusse. A. Cuyp p. qu. fol.

A. F. Bargas.
459. 2 Bl. Landschaften mit Hirtentanz und Jägern zu Pferd. qu. 4. Bei Letzterem der Name abgeschnitten.

L. Barata.
460. Italienische Landschaft mit Ruinen. Aus der Folge in Nieulants Manier. qu. 4. Selten. Fleckig.

W. Basse.
461. 2 Bl. Landschaften mit Satyrn, in Elsheimer's Manier. qu. 8. Braun.

A. F. Bauduins.
462. 5 Bl. Landschaften. kl. qu. fol.
463. 6 Bl. Dorfansichten mit Staffage. A. F. van der Meulen inv. qu. 4.
464. 6 Bl. Landschaften mit Reitern und anderen Figuren. Ph. de Champaigne dedicirt. Idem inv. qu. fol.
465. 7 Bl. Dergleichen mit Jagden etc. E. Jabach dedicirt. Idem inv. gr. qu. fol.

C. Bega.
Alte Abdrücke.

466. Die lachende Alte. 8. B. 4. Aus Gawet's Sammlung.
467. Der Mann in kurzem Mantel. 8. B. 10.
468. Die Raucherin. 8. B. 11.
469. Die sitzende Alte mit dem Krug. 8. B. 12.
470. Der Raucher. 8. B. 13.
471. Der Trinker. 8. B. 16. Mit Plattengrat.
472. Der Raucher. kl. 4. B. 20.
473. Dasselbe.
474. Der Bauer im Lehnstuhl. 8. B. 22. 1. Abdruck.
475. Der Liebesantrag. 8. B. 24.
476. Das Liebespaar. 8. B. 25.
477. Der Sänger. 8. B. 27.
478. Dasselbe. Später Abdruck.
*479. Die Mutter. 8. B. 28.
*480. Die Familie. 4. B. 30.

*481. Die Mutter im Wirthshaus. 4. B. 31.
482. Die alte Wirthin. 4. B. 32. Vor der Adresse.
*483. Die junge Wirthin. 4. B. 33. Ebenso.

N. Berghem.

484. Die saufende Kuh. qu. fol. B. 1. Alter schöner Abdruck mit Visscher's Adresse.
485. Die pissende Kuh. qu. fol. B. 2. Copie von F. C. G. Geyser.
486. Dieselbe Copie.
487. Die drei ruhenden Kühe. qu. fol. B. 3. Neue Copie aus Walker's Werk.
488. Der Hirt mit der Querflöte. fol. B. 6. Schöner 2. Abdruck mit der Nummer.
*489. 2 Bl. Der Hirt auf dem Brunnen, und der Halt am Wirthshaus. fol. B. 8, 11. Alte gute Abdrücke mit Danckerts' Adresse.
490. Der Widderkopf. qu. 8. B. 22. Copie von F. Richter nach dem fast einzigen Originalexemplar.
491. 19 Bl. aus den kleinen Thierfolgen. kl. qu. 8. B. 29—31, 33, 35, 38, 41, 48—56. Spätere Abdrücke mit zugelegter Adresse, einige Blätter doppelt.

G. Bleker.

*492. Die Kuhmelkerin. qu. fol. B. 9. 1. Abdruck vor der Adresse.

A. Bloemaert.
Von ihm selbst.

*493. Juno. 4.
*494. Die heilige Familie. Clairobscur. 4.
*495. 2 Bl. Madonna mit dem Kinde, und St. Christoph. Ebenso. 8.

Nach ihm.

496. St. Magdalena. S. à Bolswert sc. Clairobscur. 8.
497. St. Magdalena. F. Bloemaert sc. Ebenso. 4.
498. Dasselbe.
499. 3 Bl. Moses und Aaron. Idem sc. Ebenso. fol. 1 Bl. doppelt, vor und mit der Tonplatte.
500. 9 Bl. aus dem Zeichenbuche, zum Theil nach F. Parmeggiano. Ebenso. Idem sc. fol. 4. 8. Einige Bl. doppelt und 1 Bl. Copie.

F. Bol.

501. Gideon's Opfer. fol. B. 2. Guter 4. Abdruck.

502. Der Greis. 8. B. 9. Scharf beschnitten.
503. Frauenbrustbild. Oval. B. 15.

P. van der Borcht.
504. 11 Bl. Scenen aus dem Niederländischen Befreiungskriege. qu. fol.
505. Die Barbierstube der Affen. Dem Meister zugeschrieben. qu. fol.

A. van den Bosch.
*506. Landschaft mit Wagen. qu. 4.

J. Both.
*507. 3 Bl. aus der Folge der Landschaften in die Höhe. fol. B. 1, 2, 4. Davon Nr. 1 und 2 schöne 2. Abdrücke mit Matham's Adresse.
508. 9 Bl. aus der Folge der Landschaften in die Breite. qu. fol. B. 5, 8—10. Davon Nr. 5 1. Abdruck vor dem Namen, die übrigen späte Abdrücke. 3 Bl. dreifach.

P. Bout.
*509. Die Jäger. qu. fol. B. 4.
510. Dasselbe, bisher nnbekannter Aetzdruck und einzig.

J. G. Bronkhorst.
511. Die heilige Magdalena. 4. Dem Meister zugeschrieben. 4. Fehlt Bartsch, siehe Weigel Supplement Nr. 28. Etwas fleckig.
512. Dasselbe, matter.

H. van Brüssel.
513. 22 Bl. Landschaften und einige Figuren. In verschiedenem Format.
514a. 19 Bl. aus demselben Werke.
514b. 15 Bl. Doubletten aus demselben.

M. de Bye.
*515. 8 Bl. Ochsen und Kühe. P. Potter inv. qu. 4. B. 9—16. Gute 4. Abdrücke.
*516. 8 Bl. Dergleichen. Idem inv. qu. 4. B. 25—32. Ebenso.
*517. 8 Bl. Dergleichen. Idem inv. qu. 4. B. 32a—32h. Gute 3. Abdrücke mit der Nr. 2 auf dem Titel, welche später in Nr. 12 abgeändert worden ist.
*518. 8 Bl. Dieselben. Ebenso.

519. 8 Bl. Die Leoparden. Idem del. qu. 4. B. 41—48.
*520. Der Bastardbund. qu. fol. B. 77. Guter Abdruck. Bis zum Stichrand beschnitten.
*521. 16 Bl. Schafe. qu. 4. B. 79—94. 2. seltene Abdrücke vor der Nr. 8 auf dem Titel.
522. 70 Bl. Ochsen, Kühe, Schafe, Bären, Löwen etc. meist nach P. Potter. Aus verschiedenen Folgen. qu. 4. qu. fol. Meist vor der späteren Adresse von Schenk. Mehrere doppelt.

A. van der Cabel.
523. 6 Bl. Landschaften. qu. fol. B. 8—13.
524. 6 Bl. Dergleichen. qu. fol. B. 14, 15, 17, 26, 28, 30.
525. 9 Bl. Doubletten und Tripletten derselben Nummern.
*526. 2 Bl. Landschaften. qu. fol. B. 43, 45. Ersteres vor der Nummer 8 und dem Buchstaben a.
*527. 2 Bl. Dergleichen. qu. fol. B. 19, 25.
*528. Landschaft, ähnlich der Nr. B. 18, jedoch im Aetzen weniger gelungen und grösser, Breite 9" 2''', Höhe 5" 8'''. Fehlt Bartsch und Weigel und fast einzig.

A. Casembrot.
*529. Italienische Stadtansicht mit Galeere. Aus der Folge. qu. 4. Sehr selten.

J. Cats.
530. 6 Bl. Landschaften. qu. 8.
531. 10 Bl. Dieselben. 4 Bl. doppelt.
532. 6 Bl. Dieselbe schöne Folge in sehr seltenen Aetzdrücken vor dem Namen.

H. Cock.
533. 8 Bl. Landschaften mit Staffage, Pläne von Antwerpen und allegorische Figur der Rhetorica. qu. fol. gr. qu. fol. fol.

L. B. Coelers.
*534. Lesende Frau mit Brille. 4. Vor der Schrift.
*535. Die modische Dame im Fenster. 4.
*536. Der sitzende Mann bei der Büste. 4. Vor der Schrift.
*537. Winterlandschaft mit Figuren. 8. Aetzdruck.

M. Coexie.
538. Die eherne Schlange in der Wüste. Dem Meister zugeschrieben. qu. fol. Fleckig.

Hub. de Croock oder de Croc.
539. Gerichtsscene, Anstellung eines Vormundes. Holzschnitt. fol. Selten. Siehe Nagler, die Monogrammisten Bd. 2 S. 42.

A. Cuyp.
540. 6 Bl. Die Kühe. qu. 8.
541. 6 Bl. Dieselben.
542. 6 Bl. Dieselben. Spätere Abdrücke auf gelblich Papier.
543. Dieselben. Ebenso. Fleckig.

J. Dasveld.
544. 5 Bl. Thierköpfe, meist Ziegen. 8. qu. 8. Einige doppelt vor und mit der Retouche und ein Gegendruck.

L. de Deyster.
*545. Hagar. 4. B. 1.
*546. Hagar mit dem Engel. 4. B. 2.
547. Dasselbe. Matt.
*548. St. Magdalena. 4. B. 5.
549. Dasselbe.

L. F. Dubourg.
550. 4 Bl. Landschaften in Glauber's Manier. qu. 4.

J. Le Ducq.
551. Die säugende Hündin. Aus der Folge. qu. 4. B. 4. Schön.

C. du Jardin.
552. Der stehende Ochse und das liegende Kalb. B. 30. 1. Abdruck vor der Nummer.
553. 29 Bl. aus dem Werke des Meisters in guten, theils alten, theils spätern Abdrücken mit den Nummern. Verschiedenes Format. Einige doppelt.

C. du Sart.
*554. Das trunkene Paar. 4. B. 7.
555. 2 Bl. Die Schröpferin, und der Wundarzt. fol. B. 12, 13. Seltene 2. Abdrücke mit Gole's Adresse.
556. Der Schuhmacher. fol. B. 14. Ebenso.
*557. Der sitzende Violinspieler. fol. B. 15.
558. Dasselbe Hauptblatt.

559. Dasselbe, neuerer Abdruck.
*560. Die Kirmess. qu. fol. B. 16.
561. Der Januar, aus der Folge der Monate, wie die Folgenden in Schwarzkunst. 4. B. 20. Der Rand abgeschnitten.
*562. Der Mai. 4. B. 24. Vor der Schrift.
*563. Der Juni. 4. B. 25. Ebenso.
*564. Der Juli. 4. B. 26. Ebenso.
*565. Der August. 4. B. 27. Ebenso.
566. Der September. 4. B. 28. Der Rand abgeschnitten.
*567. Der October. 4. B. 29. Vor der Schrift.
*568. Der December. 4. B. 31. Ebenso.

A. van Dyck.

Von ihm selbst.

*569. Der Christ mit dem Schilfrohr, oder das Ecce Homo (Le Christ au Roseau). fol. Trefflicher Abdruck dieses Capitalblattes. Der Name des Meisters leider abgeschnitten.

Nachfolgende aus der bekannten Ikonographie.*)

*570. Ant. Cornelissen. Von L. Vorsterman vollendet. fol. Schöner und seltner Abdruck mit G. Hendricx' Adresse.
*571. Fr. Franck. fol. Guter 6. Abdruck mit gelöschter Adresse.
*572. Joa. Snellincx. Von P. de Jode vollendet. fol. Ebenso.
*573. Luc. Vorsterman. fol. Ebenso.

Nach ihm.

*574. Henr. van Balen. P. Pontius sc. fol. 2. sehr seltener Abdruck bloss mit einer Zeile Schrift und der Adresse von M. van den Enden.
575. Deod. del Mont. L. Vorsterman sc. fol. Guter 4. Abdruck mit gelöschter Adresse. Bis zum Stichrand beschnitten.
*576. Pet. de Jode. Idem sc. Guter 4. Abdruck mit gelöschter Adresse.
*577. Joa. Livens. Idem sc. fol. Schöner und seltner 3. Abdruck mit Adresse.

*) Vergl.: J. Szwykowski, Anton van Dyck's Bildnisse bekannter Personen. Leipzig 1859, und Weber's Catalog über van Dyck.

*578. Car. de Mallery. Idem sc. fol. Sehr seltner 2. Abdruck, bloss mit einer Zeile Schrift und mit der Adresse von M. v. d. Enden.
*579. Paul Pontius. Se ipse p. fol. Sehr schöner Abdruck mit zweizeiliger Schrift, ohne Adresse. Bis nahe dem Stichrand beschnitten.
*580. Don Alvar Bazan. Idem sc. fol. Schöner und seltner 3. Abdruck mit Hendricx Adresse.
581. Jac. de Cachopin. L. Vorsterman sc. fol. 4. Abdruck mit gelöschter Adresse, auf Schellenkappenpapier.
*582. Casp. Gevartius. P. Pontius sc. fol. 1. seltner Abdruck mit zweizeiliger Schrift und vor dem Namen des Stechers, auch mit der Adresse von M. v. d. Enden.
*583. Fr. van der Ee, D. de Meys. J. Meyssens sc. fol.
*584. Des. Erasmus. H. Holbein p. L. Vorsterman sc. fol.
*585. Em. Frockas Pinyra. P. Pontius sc. fol. Schöner und seltner 3. Abdruck mit der Adresse von Hendricx und vor der Abänderung von Pinyra in Perera.
*586. Corn. van der Geest. Idem sc. fol. Schöner und seltner 3. Abdruck mit derselben Adresse.
587. Dasselbe. 1. Abdruck mit der Adresse von M. van den Enden. Sehr beschädigt und verschnitten.
588. Jac. Hamilton, Marchio ab Hamilton. P. van Lisebetius sc. fol. Schöner Abdruck mit Meyssens' Adresse.
*589. Henr. Liberti. P. de Jode sc. fol. Schöner Abdruck auf Papier mit der grossen Schellenkappe.
*590. Marq. de Mirabelle. A. Blotelingh sc. fol.
*591. Aub. Miraeus. P. Pontius sc. fol. Guter Abdruck mit gelöschter Adresse.
*592. Theod. Rogiers. P. Clouet sc. fol. Schöner Abdruck vor der Adresse von Jacob de Man.
*593. Caes. Alex. Scaglia. P. Pontius sc. fol. Schöner, sehr seltner 3. Abdruck mit der Adresse von Mart. van den Enden.

34 Niederländische Schule.

D. van den Dyck.

*594. Die Verurtheilung der Susanna. qu. fol. Fehlt Rob.-Dum., siehe Weigel's Kunstcatalog.
*595. Madonna mit dem Kinde. 8. Rob.-Dum. 2.

C. Echard.

596. 6 Bl. Viehstücke. H. Roos del. fol. qu. fol. Die Adresse ausradirt.
597. 6 Bl. Dieselbe Folge. Die Nummern abgeschnitten.
598. 7 Bl. Ruinen in Landschaften. qu. fol. 1 Blatt doppelt.

C. Elandt.

599. Landschaft mit Staffage. Het Huys in het Bos. qu. 8.
600. Dasselbe seltne Blatt.

A. van Everdingen.

A. Erste schöne Abdrücke vor den hinzugefügten Lüften

*601. Der Mann auf der kleinen Brücke. 8. B. 6.
*602. Der Schiftszimmermann. qu. 8. B. 21.
603. Das Haus mit dem Thurm. qu. 8. B. 29. Aufgezogen.
*604. Das grosse Felsstück. Nachtstück. qu. 4. B. 31.
605. Die beiden Boote. qu. 4. B. 32. Fleckig.
*606. Der Fels im Wasser. qu. 8. B. 34.
*607. Die beiden Männer auf der Terrasse. qu. 4. B. 46.
*608. Die Flussansicht mit dem durchbrochenen Felsen. qu. 4. B. 47.
*609. Der Reiter auf der Brücke. qu. 8. B. 50.
*610. Das Boot am Lande. qu. 4. B. 52.
611. Die kleine Brücke. qu. 8. B. 53. Die Ecken beschädigt.
*612. Die Fässer am Wasser. qu. 8. B. 65.
*613. Die Tannen im Wasser. qu. 8. B. 68. Voll Plattengrat.
*614. Der Lastträger. qu. 8. B. 72.
615. Der spitze Felsen. qu. 4. B. 74.
616. Dasselbe, noch schönerer Abdruck, aber die Ecken beschädigt und aufgezogen.
*617. Das Weib auf dem Steg. qu. 8. B. 75.
*618. Die verfallene Hütte. qu. 8. B. 76.
*619. Das Rad unter dem Strohdach. qu. 8. B. 77.

*620. Die beiden Leitern. qu. 4. B. 90.
*621. Der Bach im Walde. qu. 4. B. 101.

    B. Spätere Abdrücke mit den hinzugefügten Lüften.

622. 85 Bl. Landschaften aus dem Werke des Meisters, in älteren und späteren Abdrücken. Viele doppelt und einige mehrfach.

    C. Aus der Fabel von Reineke Fuchs.

*623. 5 Bl. aus Reineke Fuchs. qu. 8. 1. sehr schöne und sehr seltene Abdrücke vor den Bordüren etc. etc. Dabei das verworfene Blatt B. 51a. B. 10, 20, 37, 46, 51a.

624. 23 Bl. aus derselben Folge. Spätere Abdrücke mit den Retouchen, aus der Gottsched'schen Ausgabe.

F. T. Faber.

625. Blökendes Schaf. qu. 8.
626. Stehende Kuh. qu. 8.

A. Flamen.

*627. 12 Bl. Fische. Troisième Partie etc. Poissons de Mer. kl. qu. fol. B. 25—36. Rob.-Dum. 439—450. Schöne 2. Abdrücke mit J. van Merlen's Adresse.

C. Floris.

628. Reichverzierter Springbrunnen in Amsterdam, nach J. Bargois. qu. fol. Sehr selten. Etwas rissig.

H. Fock.

629. 7 Bl. Landschaften. Zes Landschappen etc., mit dem Titel. qu. 4.
630. 6 Bl. Landschaften mit Staffage. qu. fol.

Ph. Fruijtiers.

631. Jac. Edelheer, Kniestück. fol. Hauptblatt. Etwas fleckig und rissig.

J. Fyt.

*632. 8 Bl. Die Capitalfolge der Hunde. qu. fol. B. 9—16. Gute alte 2. Abdrücke mit den licht gemachten Stellen.

633. 2 Bl. Copien aus derselben Folge, von der Gegenseite. qu. fol.

A. Genoels.

634. Der überbogene Felsen. fol. B. 14.

36 Niederländische Schule.

635. 2 Bl. Der Tempel, und das Opfer. qu. 4. B. 29, 31.
636. 2 Bl. Dieselben.
637. 4 Bl. Dieselben noch zweimal.
638. 6 Bl. Folge von Landschaften. qu. 4. B. 33—38. Mit erster Adresse.
639. Der Bach. qu. fol. B. 55.
*640. Der grosse Felsen. qu. fol. B. 66.
*641. Die beiden gekreuzten Bäume. qu. fol. B. 67.
*642. Die Wasserlache. qu. fol. B. 68.

J. Glauber.
*643. 12 Bl. Folge von Landschaften. qu. fol. B. 7—18. Schöne Abdrücke, meist vor den Nummern und einige vor dem Namen.

J. E. Grave.
644. 2 Bl. Gezicht buyte Harlem, und Gezicht in Muyderbergh. qu. fol.
645. 2 Bl. Landschaften mit Staffage. Radirt und Aquatinta. qu. 4.
646. 2 Bl. Dergleichen. Ebenso. qu. 8.

J. Griffier.
*647. Der Adler mit dem Haasen. Schwarzkunst. qu. fol. Sehr selten.

J. Hakkaert.
*648. Die Burg. qu. fol. B. 1.
*649. Der schräge Baum. qu. fol. B. 4.

M. Heemskerk (van Veen).
*650. Tobias heilt seinen blinden Vater. Holzschnitt. fol. Selten.

J. van den Hecke.
651. Die Thiere am Brunnen. qu. 8. B. 1. Alter seltner 2. Abdruck mit der Adresse von J. de Man jun.

J. van der Heiden.
*652. Der Brand in der Leidsche Graft 12. Jan. 1684. Aus dem Spritzenbuche, wie das Folgende. fol.
*653. Brandstätte in de Gouds Blomstraat 25. Dec. 1682. fol.

P. v. H.
*654. Die Hündin mit den Jungen. qu. 4. B. 5.

R. de Hooghe.
655. Der Friedensschluss zu Breda, mit Randbildern. Als

fliegendes Blatt, mit deutscher Typenschrift. 1667. gr. qu. fol. Sehr selten.
656. Die Belagerung von Rochester. gr. qu. fol.
657. Die Synagoge. gr. qu. fol.
658. 4 Bl. Lagerscenen etc. Ph. Wouwerman, inv. qu. fol.
659. 3 Bl. aus derselben Folge. 1 Bl. doppelt.
660. 6 Bl. Viehstücke. N. Berghem inv. qu. 8. 1 Bl. doppelt, 1 Bl. dreifach.

S. v. Hoogstraaten.
661. Das Portrait des Meisters. 4.

A. Houbraken.
662. 6 Bl. Allegorische und mythologische Figuren. 4. 8.
*663. Die Jünger Christi zu Emaus. Rembrandt inv. 4. Schöner und sehr seltner 2. Abdruck mit der Wiege überarbeitet, vor der Verkleinerung der Platte.
*664. Das Hirtenpaar in der Landschaft. Schwarzkunst. qu. 4. Laborde p. 168. Schön und selten.

N. van Hoy.
665. 8 Bl. Das Reiterballet. qu. 4. Weigel's Supplement p. 307.

J. van Huchtenburg.
A. Geschabte Blätter oder in Schwarzkunst.
*666. Die Räuber. qu. fol. B. 1. Schön und selten, wie die Folgenden.
*667. Die Janitscharen. qu. fol. B. 3. Copie von J. Gole, siehe Weigel's Suppl.
*668. Der Kampf der beiden Reiter. qu. fol. B. 4. 1. Abdruck vor dem f nach dem Namen des Meisters.
*669. Die Mutter mit den beiden Kindern. fol. Capitalblatt, aus Winckler's Sammlung.
*670. Der Tod des Türken. qu. fol. B. 6. Ebenso.
671. Dasselbe. Copie von J. Gole, siehe Weigel's Supplement.
*672. Der commandirende General, oder Prinz Carl von Lothringen in der Schlacht. qu. fol. Fehlt Bartsch, siehe Weigel's Supplement.

B. Gestochene Blätter.

673. 6 Bl. Schlachten. gr. qu. fol. B. 8, 10—14. Hauptblätter in schönen Abdrücken. 2 Bl. erste Bartsch und Weigel unbekannte Abdrücke, vor Veränderung der Unterschrift. 2 Bl. aufgezogen, 1 Bl. rissig.
674. 2 Bl. Doubletten derselben Folge, Pferdemarkt und die Schlacht von Hochstädt. B. 8, 14.
*675. 2 Bl. Kriegsscenen. A. F. van der Meulen inv. qu. 4. B. 23, 24.
*676. 6 Bl. Landschaften mit Staffage. Idem inv. gr. qu. 8. B. 25—30.
677. 2 Bl. Der Tod des Reiters. Idem inv. qu. 4. B. 33. Nebst Copie.
678. 10 Bl. Die Folge der blessirten Pferde. Idem inv. qu. fol. B. 35—44.
679. 10 Bl. Dieselbe Folge.
*680. Der Jagdzug. Idem inv. qu. fol. B. 45.
681. 2 Bl. Die Reiterschlachten, den Herzögen d'Enghien und de Chevreuse gewidmet. Idem inv. qu. roy. fol. B. 46, 47.
682. 2 Bl. Dieselben Hauptblätter. Die Ränder aufgezogen.
683. Das Erstere nochmals.
684. Der Einzug von Louis XIV. auf Pont neuf in 3 Blättern. Idem inv. qu. imp. fol. B. 48. Capitalblatt.
685. Ansicht von Lille mit reicher Staffage. Idem inv. qu. imp. fol. B. 49. 1. Abdruck vor den Jahrzahlen 1667, 1685, Bartsch und Weigel unbekannt.
686. Die Einnahme von Dole in der Franche-Comté. Idem inv. qu. imp. fol. B. 50.
687. 10 Bl. Schlachten Prinz Eugen's, nach Huchtenburg, aus dem Buche. gr. qu. fol. Zum Theil rissig.

P. Huys.

688. Sprengung der Brücke von Antwerpen. Mit dem Zeichen und der Unterschrift: als nach vil Muhe etc. qu. fol. Fehlt Bartsch.

J. Janson.

689. 4 Bl. Viehstücke, eines nach C. du Jardin. qu. 8. 4.

C. Jegher.

690. Die Kinder Christus und Johannes in der Landschaft. P. P. Rubens inv. Holzschnitt. qu. fol.
691. Dasselbe. Lithographirte Copie aus Dr. von Eye's Werk.
*692. Silen mit Satyrn. Idem iuv. Holzschnitt. fol.

J. Jonckheer.

*693. Die vier Jagdhunde. qu. 4. B. 2.

J. Jordaens.

694. Die Abnehmung vom Kreuz, oder die Pietà. fol.
695. Jupiter und Io. qu. fol.
696. Jupiter als Kind bei der Satyrfamilie. qu. fol.
697. Merkur und Argus. qu. fol.
698. Dasselbe Blatt.

P. Kints.

699. Der Tod des heiligen Rochus. A. Sallaert inv. Holzschnitt auf blau Papier. fol. Selten.

J. Kobell.

*700. Der Ochse im Wasser. qu. 8.
*701. Die beiden Kühe. qu. 8.
*702. Das Pferd beim Karren und der Hund. qu. 4.
*703. Die Kuh und die Schafe. Leicht schattirt. qu. 4. Selten.

H. Kobell.

*704. Flussansicht mit Schiffen. 1774. qu. 4.
*705. Die kleine Marine. Diligente labore. 1774. qu. 8.

D. Koedyck.

706. Das Pferd mit dem ruhenden Führer. Ph. Wouwerman p. Schwarzkunst. qu. 4. Selten.

S. Koninck.

707. Brustbild eines Orientalen. 8. B. 69. 2. Abdruck mit J. de Ram's Adresse.

P. de Laer.

*708. 8 Bl. Die Folge der Thiere. qu. fol. B. 1—8. Gute spätere Abdrücke.
*709. Die Ziegen aus derselben Folge. B. 5. Alter Abdruck.
*710. 6 Bl. Die Folge der Pferde. qu. 8. B. 9—14.
711. 6 Bl. Dieselbe, spätere Abdrücke.
712. 8 Bl. aus derselben Folge. Ebenso. 3 Bl. doppelt.

P. L. La Fargue.
713. 2 Bl. Ansichten des Dorfes Ryswyk. qu. fol.
G. Lairesse.
714. 183 Bl. Das Werk des Meisters, theils von ihm selbst, theils nach ihm. Nebst dem Titel. Im verschiedensten Format. Viele Blätter doppelt und mehrfach, dabei einige Probedrücke.
D. Langendyk.
715. Landschaft mit Reisenden. kl. 4.
P. Lastman.
*716. Juda und Thamar. fol.
M. Lauron.
*717. Der Reiter und der Fussgänger. kl. qu. 4. Selten.
*718. Herr und Dame mit Weinglas. Schwarzkunst. 4. Sehr selten.
J. Leys.
*719. 2 Bl. Intericurs mit Figuren. 1 Bl. nach ihm von E. Hamman. fol. qu. 8.
*720. Der Weg zum Schaffot. fol.
L. van Leyden.
721. St. Joachim und St. Anna. 8. B. 34.
722. St. Christoph. 8. B. 109. Etwas beschädigt.
723. Die Arabeske mit dem Kopf des Kriegers. 8. B. 160.
724. Die Kinder mit dem Wappenschild. qu. 8. B. 166. Beschnitten.
C. Liefrinck.
725. Flussansicht, die Wael mit den acht Schiffen bei Oppynen. qu. fol.
J. Livens.
*726. Der kleine heilige Franciscus. 4. B. 7.
*727. Brustbild eines jungen Mannes. 4. B. 15.
*728. Brustbild eines Orientalen. 4. B. 18.
*729. Männliches Brustbild. 4. B. 29.
*730. Greis mit Mütze. kl. 4. B. 32.
*731. Brustbild eines Orientalen. kl. 4. B. 34.
732. Brustbild eines Greises en façe mit Bart und Pelzkleid. 4. Höhe 4" 10''', Breite 4" 3'''. Zweifelhaft.
733. 2 Bl. Männliche Brustbilder. Holzschnitte. 4. B. 60, 62. Copien aus Weigel's Holzschnittwerk.

Lambertus Lombardus.
734. 2 Bl. Das Fest des Priap. Dem Meister zugeschrieben. Mit Nobilibus und Rubeis' Adresse. qu. fol. Nebst einer Copie aus Cock's Verlag.

J. Lutma.
*735. Joa. Lutma der Goldschmidt. Radiit. fol.
736. Johannes der Evangelist. G. Reni p. Cabinet de Reynst, jetzt im städtischen Museum zu Leipzig. Gepunzt, wie die folgenden Blätter.
*737. J. Vondelius. fol.
738. Dasselbe Hauptblatt. Matt.
*739. Alb. de Sebisch Aetat. 48. Oval. kl. fol. Sehr selten.
*740. Der Springbrunnen. fol.
741. Arabeske mit drei Flussgöttern. Mit dem Namen und der Jahrzahl 1641, welches v. Derschau einstechen liess. Schmal qu. fol.
742. Dasselbe.
743. 2 Bl. Dasselbe noch zweimal.
744. 2 Bl. Dasselbe.

J. Luyken.
745. Die Bartholomäusnacht, in 2 Bl. Schmal qu. roy. fol.

P. Lyonet.
746. Der Schmetterling, das Pfauenauge. qu. 8. Sehr selten.

D. Maas.
*747. 9 Bl. Die Folge der Reitschule (Le Manege). gr. qu. 4. Alte schöne Abdrücke.
*748. Der Reiter, welcher sein Pferd gegen rechts reitet. gr. 4. Sehr selten.
*749. Der Reiter, welcher sein Pferd nach links traversiren lässt. kl. fol. Sehr selten.
*750. Der Reiter, welcher sein gegen rechts gewendetes Pferd zurück gehen lässt. kl. fol. Gegenstück und eben so selten.
*751. Volte; der gegen rechts sprengende Reiter. Schwarzkunst. fol. Aeusserst selten.
*752. 12 Bl. inclus. des Titels: Soldats et Chevaux. qu. 4. 8. qu. 8.
*753. Das Lager mit zwei Pferden, Wagen und Zelt. Flüchtig radirt und dem Meister zugeschrieben. qu. 8.

J. A. Börner's Sammlung I.

754. Die Schlacht von la Boyne. Victoire remportée par le Roy Guillaume III. sur les Irlandais à la Rivière de Boyne en Irlande le 1. Juillet 1690. In 2 noch nicht zusammengefügten Blättern. qu. imp. fol. Aeusserst selten.

C. Matsis.

755. Henricus (VIII.), Dei Gra. Rex. Angl., Halbfigur. 1548. 4. B. 58. Sehr selten. Kleiner Beschädigung wegen aufgezogen.

J. van der Meer.

*756. Das stehende Schaf. qu. fol. B. 2. Schöner neuer Abdruck.

A. F. van der Meulen.
Nach ihm.

757. 33 Bl. Schlachten, Belagerungen, Jagden, Reiterzüge, Prospecte etc. unter Ludwig XIV. Gestochen von Baudouin, R. de Hooghe, Bonnart etc. Capitalblätter aus dem berühmten Cabinet du Roy. qu. roy. und qu. imp. fol. Alte gute Abdrücke, dabei ein Blatt vor der Schrift.
758. 19 Bl. Doubletten der vorhergehenden Blätter, einige mehrfach. Ebenfalls alte gute Abdrücke.

A. Meyeringh.

*759. 12 Bl. Landschaften, mit dem Titel. fol. B. 1--12. Fleckig und aufgezogen.
*760. Die Brücke. fol. B. 12.

J. Miele.

*761. Der Schäfer. qu. fol. B. 1.
762. Der Schafmelker. qu. 8. Siehe Nagler Nr. 10, und Weigel's Suppl. Eine Imitation anstatt des Schafmelkers eine Schafmelkerin.

F. A. Milatz.

*763. 4 Bl. Landschaften mit Staffage. qu. 4.

P. Moreelse.

*764. Der Tod der Lucretia. Clairobscur. qu. fol.
*765. Die beiden Frauen mit dem Amor. Ebenso. qu. fol.

C. de Moor.

*766. Die schreibende Dame. Schwarzkunst. 4. Schön und sehr selten.

J. Moucheron.
767. 26 Bl. Die Ansichten von Heemstede bei Utrecht, mit dem Titel.
768. 24 Bl. derselben Folge. Nr. 1—14, 16—25.
769. Landschaft. G. Poussin p. Aus der Folge. qu. fol.

T. M. Musculus.
*770. 2 Bl. Landschaften mit Jägern. J. Wynants p. qu. fol.

H. Naiwincx.
*771. 8 Bl. Die Folge der Landschaften in die Höhe. 4. B. 9—16. Schöne Abdrücke mit der Adresse von Clement de Jonghe. Nr. 11 ein sehr seltner 1. Abdruck vor der Nummer.

F. de Neue.
772. 3 Bl. Landschaften. qu. fol. B. 1, 4, 10.
773. Die Schäferin mit dem Tambourin. gr. qu. fol. B. 13.

P. Nolpe.
774. 3 Bl. aus der Folge der Monate. Peter Potter inv. gr. qu. fol. Fleckig. 1 Bl. doppelt in 1. und 2. Abdruck.
775. Schlacht bei Antwerpen. qu. fol. Selten.
776. 9 Bl. Landschaften mit Staffage. A. van Nieuland inv. qu. fol. 2. Abdrücke mit Visscher's Adresse. 1 Bl. doppelt.
777. Portrait von Maria von Medicis, mit allegorischer Umgebung, letztere von Nolpe, ersteres, das Portrait von C. Holsteyn nach G. Hondthorst. Effigies Mariae de Medices etc. 1638. qu. fol. Rissig.
778. Die Damenbretspieler. qu. 4. Als fliegendes Blatt mit holländischer Typenschrift: t' Spel van aensienelyke Heeren etc. fol.

C. van Noorde.
779. Die Bauernfamilie. A. van Ostade inv. qu. 4. Chines. Papier.

J. van Nypoort.
780. Der Bauernwundarzt. fol. Beschädigt.
781. Schlacht zwischen den Kaiserlichen und Türken bei Barcan in Ungarn, den 27. Oct. 1683. Mit Erklärung. gr. qu. fol.

782. Schlacht bei Wien. Aus dem Buche. qu. fol.

R. van Orley.

783. Der Sturz der gefallenen Engel. P. P. Rubens p. roy. fol. Guter Abdruck. Mit einem Riss.
784. Vertumnus und Pomona. qu. fol. Selten.

P. G. van Os.

*785. 6 Bl. Die Kühe auf der Weide. 1778. kl. qu. fol.
786. 8 Bl. Dieselbe schöne Folge, 1 Bl. doppelt.
787. 6 Bl. Viehstücke. 1812. qu. fol.
788. 4 Bl. Schafe und Ziegen. kl. qu. fol.
789. 4 Bl. Dieselbe Folge.
790. 4 Bl. Ziegen- und Widderköpfe, je vier auf einem Blatte. 4.
791. Acht Schafe und Ziegen und zwei Ziegenköpfe. qu. fol.
792. Fünf Köpfe von Kuh, Kalb, Esel etc. kl. fol.
793. 2 Bl. Hunde, eines von G. A. v. d. Brugghen. qu. 8.
794. Kuhkopf. 1812. qu. 8.
795. Dasselbe.
796. Stehendes Schaf. qu. 8.
797. Dasselbe.
798. Angespanntes Pferd, in Halbfigur. qu. 8.
799. 6 Bl. Kalbsköpfe und Landschaften, in Aquatinta nach P. G. van Os. qu. 8.

J. Ossenbeeck.

800. Der Genevcrverkäufer. kl. 4. Neuer guter Abdruck.
801. Dasselbe, ebenso.
802. Dasselbe.
*803. Die Katze. qu. 4. B. 12. 1. Abdruck vor dem Namen, siehe Weigel's Suppl.
*804. Die Viehtränke. qu. 8. B. 15. Ebenso.
*805. Die Kühe. qu. 4. B. 19. Ebenso.
*806. Das Fest bei der Grotte der Nymphe Egeria oder der Cafarella. qu. fol. B. 25. Guter, neuer 2. Abdruck.
*807. Dasselbe Hauptblatt, ebenso.
808. Das Landhaus des Cunib. von Wenzelberg. qu. fol. B. 27. Aufgezogen.
809. Die Felsenlandschaft. Salv. Rosa inv. qu. fol. B. 28.

*810. Das Manna in der Wüste. G. Robusti il Tintoretto p. Brüssler Gallerie. qu. fol. B. 49. 1. Abdruck vor der Nummer.
811. 15 Bl. Der Aufzug und das Reiterballet bei der Vermählung Kaiser Leopold's I. N. van Hoy inv. gr. qu. fol. fol. qu. fol. B. 32—44. Nebst 8 Bl. zu derselben Folge von N. van Hoy selbst. qu. fol.

A. van Ostade.

812. Der Bäcker. 4. B. 7.) Alter Abdruck.
*813. Der Leiermann. 4. B. 8. Ebenso.
814. Dasselbe. Ebenso.
*815. Die drei Raucher. 8. B. 13. Vor der Bordüre.
*816. Der leere Krug. 4. B. 15. Alter Abdruck.
817. Die begehrte Puppe. 4. B. 16.
818. Der gebückte Bauer. 8. B. 20. Alter Abdruck.
819. Das Bauernpaar. 8. B. 24.
820. Die Weiferin. 8. B. 25. Alter Abdruck.
*821. Die Spinnerin. qu. 4. B. 31. Ebenso.
822. Der Familienvater. 4. B. 33. Ebenso.
823. Der Scheerenschleifer. 8. B. 36.
824. Die wandernden Musikanten. 4. B. 38. Alter Abdruck.
825. Die beiden Alten. 4. B. 40. Ebenso.
826. Der bucklige Geiger. 4. B. 74 Ebenso.
827. Der Geiger und der Leierjunge. 4. B. 45. Ebenso.
828. Der Tanz bei der Weinlaube. qu. 4. B. 47. Ebenso.
829. Der pissende Bauer. Zweifelhaft. 4.

W. Panneels.

830. Die Ohnmacht der Esther. P. P. Rubens inv. qu. fol.
831. Mariä Himmelfahrt. Idem inv. fol.
832. Venus und Adonis. qu. 8.

P. Pfeiffer.

833. 3 Bl. Figurenstudien. 8. qu. 8.

---

*) Der neueste und vollständigste Catalog über Ostade's Werk ist von M. Faucheux: Catalogue raisonné de toutes les Estampes qui forment l'Oeuvre-gravé d'Adrien van Ostade. Paris 1862.

P. Picknert.

*834. Der Jagdhund. J. Verkolje inv. Schwarzkunst qu. 4. Selten.

M. Pool.

*835. Der Mönch mit der Brille. L. Carracci inv. Schwarzkunst. 4. Vor der Schrift. Sehr selten.

J. Popels.

836. Das Fest des Silen. P. P. Rubens p. qu. fol.
*837. Portrait von Jac. Stoopius. fol. Selten.

P. Potter.

838. 8 Bl. Die Ochsen und Kühe. qu. 4. B. 1—8. Copien von J. J. de Claussin.
839. 6 Bl. Die Pferde. qu. fol. B. 9—13. Copien von Demselben.
840. 5 Bl. derselben Folge, die älteren Copien.
841. 5 Bl. derselben Folge, die älteren Copien von der Gegenseite.
842. 8 Bl. aus der Potter fälschlich zugeschriebenen Folge von Ochsen und Kühen. qu. 8. Dabei Copien.

F. Post.

843. Seestück mit Schiffen, aus der Folge der brasilianischen Ansichten. qu. fol.

J. H. Prins.

844. Flussansicht mit Schiffen. qu. 4.
*845. Dorf- und Flussansicht. qu. 4.
846. 2 Bl. Dorfansichten. qu. 4.

P. Quast.

847. Die drei Bauern beim Feuer. Dem Meister zugeschrieben. qu. 8.

E. Quellinus.

848. Der Tanz von Kindern und Satyrn. qu. fol.

H. H. Quiter.

849. Laur. Chr. à Somnitz, Legat. extraord. et Plenipotent. ad Tract. Pacis Neomagi. Schwarzkunst. fol. Selten.
*850. Maria Princeps Auriaca. Ebenso. fol. Sehr seltner Abdruck auf blaues Papier.

Rembrandt.

851. Portrait des Meisters, schmollend. 8. B. 10. In der Höhe verschnitten.

*852. Derselbe mit seiner Frau. 4. B. 19. Schöner Abdruck, die Platte schmutzig.
*853. Derselbe mit Federmütze. 4. B. 20. Guter 2. Abdruck.
*854. Derselbe in Oval. 4. B. 23. Guter Abdruck. Um das Oval beschnitten.
855. Derselbe mit kurzem Haar. 8. B. 26. Guter Abdruck.
856. Derselbe lachend. 8. B. 316. Schöne Copie von der Gegenseite, welche oft für eine Wiederholung vom Meister selbst angesehen wird.
857. Die Verstossung der Hagar. 4. B. 30. Guter Abdruck.
*858. Abraham liebkost Isaak. 8. B. 33. Ebenso.
859. Abraham und Isaak. 4. B. 34. Schöne Copie von der Gegenseite, welche G. Dow zugeschrieben wird.
*860. Das Opfer Abraham's. B. 35. Schöne Copie, welche G. Dow zugeschrieben wird, in schönem, seltnem Abdruck in rother Farbe.
861. Die Verkündigung der Hirten. fol. B. 41. Leidlicher Abdruck.
862. Die grosse Darstellung im Tempel. qu. fol. B. 49. 2. Abdruck.
863. Dasselbe, Gegendruck des 2. Abdruckes. Selten.
864. Flucht nach Egypten. 8. B. 52. 2. Abdruck.
865. Madonna mit dem Kinde auf Wolken. 8. B. 61.
866. Der Zinsgroschen. qu. 8. B. 68. Guter Abdruck.
867. Christus jagt die Verkäufer aus dem Tempel. qu. 4. B. 69. Die Ecken beschädigt.
868. Dasselbe, späterer Abdruck.
869. Die kleine Auferweckung des Lazarus. 4. B. 72. Guter Abdruck.
870. Dasselbe, matter.
871. Das Hundertguldenblatt. qu. fol. B. 74. Matter Abdruck. Aufgezogen.
872. Die kleine Kreuzigung. 8. B. 80. Gegendruck.
873. Der Tod der heiligen Jungfrau. fol. B. 99. Alter guter Abdruck. Etwas ausgebessert.
874. St. Hieronymus. 8. B. 102. Ebenso.
875. Die wandernden Musikanten. 4. B. 119.
*876. Die Bauernfamilie. 4. B. 131. Schöner Abdruck.

877. Der Jude mit hoher Mütze. 8. B. 133. Guter Abdruck.
878. Das gehende Bauernpaar. 8. B. 144.
879. Der Gelehrte. Nachtstück. 4. B. 148. Ausgebessert und aufgezogen.
880. Bettler und Bettlerin. 8. B. 164.
881. Der angelehnte Greis. 8. B. 151. Später Abdruck.
882. Dasselbe. Ebenso und beschnitten.
883. Der sitzende Bettler. 8. B. 173. Schöner Abdruck mit Plattengrat im Rande.
884. Der Bettler auf dem Erdhaufen. 8. B. 174. Ebenso.
*885. Der lahme Bettler. 8. B. 179. Ebenso.
886. Der Mönch im Korne. Eines der indecenten Blätter des Meisters. qu. 8. B. 187. Copie auf Chines. Papier.
887. Der Greis im Lehnstuhle. 4. B. 262. Guter Abdruck. Aufgezogen.
888. Der Greis mit grossem Barte. 8. B. 260. Matt.
*889. Der Kahlkopf. 8. B. 292. Guter 3. Abdruck.
*890. Der Greis mit kurzem Bart. 8. B. 306. Guter Abdruck mit Plattengrat im Rande.
*891. Der junge reflectirende Mann. 8. B. 268. Guter Abdruck.
892. Der Greis mit dem Bart. 8. B. 291. Scheint Copie zu sein.
893. 2 Bl. VVtenbogard. Oval. 4. B. 279. Zweimal späte Abdrücke, einer beschnitten.
894. Rembrandt's Mutter. 8. B. 351. Gegenseitige Copie oder Wiederholung.
895. Sechs Studien von Köpfen, dabei die Frau des Meisters. 4. B. 365. Guter Abdruck.
896. 102 Bl. Copien nach Blättern des Meisters und einige nach Zeichnungen. Im verschiedensten Format.
897a. 12 Bl. Copien nach seltensten Blättern des Meisters im britischen Museum, mit dem Titel: Twelve Facsimile Etchings from very rare Originals by Rembrandt van Ryn in the Cracherode Collection at the British Museum by Will. Jam-Smith. London 1824. 4. Mit handschriftlichen Beilagen des sel. Herrn Börner. Pappeband in 1.

C. A. Renesse.
* 897b. Der sitzende Greis. 8. B. 38. 1. Abdruck, weniger überarbeitet.
898. Dasselbe. 2. Abdruck.
899. Der junge Mann. 8. B. 30.

A. Rentinck oder Renting.
*900. Portrait eines Malers. Oval. C. Troost p. Schwarzkunst, wie die Folgenden. fol. Vor der Schrift und selten, wie die Folgenden.
901. Frauenportrait en façe mit grossem Hut. 8.
902. Niederblickender Frauenkopf. C. Troost p. 4.
903. Pflanzenstudie. Idem inv. 4.
904. Dünenparthie. Ph. Wouwerman p. qu. 8.

M. Rodermont.
905. Portrait des Dichters Joannes Secundus. 4. B. 79. Schön und selten.
906. Die Anbetung der Hirten, in Rubens' Manier. Dem Meister zugeschrieben. 8. B. 4. Ebenso.

F. Roettiers.
907. 2 Bl. Die Kreuztragung, und die Kreuzigung Jesu Christi. N. de Largillière p. qu. roy. fol.

R. Roghman.
908. 2 Bl. Landschaftliche holländische Prospecte. qu. fol. B. 10, 11.
909. 5 Bl. Dergleichen. qu. fol. B. 19—21, 24. Letzteres doppelt.
910. 11 Bl. Italienische landschaftliche Prospecte. qu. 4. qu. fol. B. 25—32. 3. Abdrücke. Nr. 26 dreimal, Nr. 27 zweimal.
911. 14 Bl. Holländische landschaftliche Prospecte, mit dem Titel. R. und G. Roghman sc. qu. fol. B. Nr. 1—14, pag. 36.
912. 6 Bl. Ansichten im Haag'schen Bosch. R. Roghman und P. Nolpe sc. qu. fol. B. 1—6, pag. 37.

P. P. Rubens.
913. Die Alte mit dem Licht und der Knabe. gr. 4. Verschnitten, der Rand ganz fehlend, auch aufgezogen.

J. Ruysdael.
*914. Die kleine Brücke. qu. fol. B. 1. Alter schöner

Abdruck vor der Aufätzung, auf Papier mit der grossen Schellenkappe. Braun und mit kleinen unbedeutenden Fleckchen.
*915. Dasselbe. Neuer aufgeätzter Abdruck.
916. Das Kornfeld. qu. 4. B. 5. Neue Copie von J. Berthault, auf Chines. Papier.
917. Die drei Eichen. qu. 4. B. 6. Copie.

P. Rysbraek.

*918. Heroische Landschaft. Aus der Folge. qu. 4. B. 6.

A. Sallaert.

919. Der heilige Hieronymus. P. Kints sc.? Holzschnitt. 4.
920. Christus am Kreuz. Ch. Cool sc. Holzschnitt. fol.

H. van den Sande Bakhuizen.

*921. Landschaft, Waldeingang am Fluss. qu. 8. Selten, wie die Folgenden.
922. Landschaft mit Fluss und kleiner Viehheerde. qu. 8.
*923. Hütte von Bäumen umgeben. 8.

R. Savery.

*924. Landschaft mit alten Bäumen und Reisenden. qu. 4. Sehr selten.

Jan Savery?

*925. 12 Bl. Der feierliche Einzug von Robert Dudley, Grafen von Leicester, im Haag. 1585. In 12 noch nicht zusammengefügten qu. fol. Blättern. Aeusserst selten.

G. Schalken.

*926. Portrait von G. Dow. Oval. 4. 1. Abdruck vor Verkleinerung der Platte.

M. Schaep.

927. 12 Bl. Scenen aus dem Leben der Galeerensclaven. C. de Wael inv. qu. 4.
928. 12 Bl. Dieselbe Folge.
929. 12 Bl. Dieselben. Aufgezogen.

A. Schelfhout.

930. Sandhügel mit Gesträuch. qu. 8. Selten.

G. v. Scheyndel.

931. 10 Bl. aus der Folge der Landschaften mit Staffage. qu 8. 2 Bl. doppelt, 1 Bl. dreimal.

A. M. à Schurman.
*932. Portrait von Gisb. Voctius. Oval. 4. Selten.

C. Schut.
933. 27 Bl. Heilige und andere Darstellungen nebst dem Titel mit der Dedication an D. And. Cantelmo. In verschiedenem Format.

H. Smidts.
934. Ansicht der St. Marcuskirche und des St. Marcusplatzes mit Umgebung in Venedig. In 2 Bl. qu. roy. fol.

J. F. Soolemaker.
*935. Landschaft mit Hirt mit zwei Maulesseln und Hund. N. Berghem inv. Mit dem Zeichen: S. F. 1664, Brulliot I. 2067. Dem Meister zugeschrieben. Rund. 4.

J. van Somer.
936. Frau mit hohem Glas. Schwarzkunst. fol.
937. Herr und Dame mit Becher. Ebenso. qu. fol.

P. van Somer.
938. Christus mit der Ehebrecherin. N. Poussin p. gr. qu. fol.

C. Steffelaar.
939. 2 Bl. Kuhköpfe. 1819. 8.

D. Stoop.
*940. Die beiden Pferde, aus der Folge wie die Folgenden. qu. fol. B. 3. 1. Abdruck vor der Nummer.
*941. Dasselbe. Aeusserst seltner Aetzdruck.
942. Die Reiter. qu. fol. B. 6. Alter Abdruck mit der Nummer.
*943. Die Pferde am Wassertrog. qu. fol. B. 8. 1. Abdruck vor der Nummer.
944. Dasselbe. Die Nr. abgeschnitten.
*945. Das angebundene Pferd. qu. fol. B. 9. Bis nahe dem Stichrand beschnitten, doch jedenfalls 1. Abdruck vor der Nummer.
*946. Die Jagdhunde. qu. fol. B. 12. Ebenso.
947. 5 Bl. Schlachten und Pläne mit Schlachten aus dem Buche von J. Commelin: Frederik Hendrik v. Nassau etc. 1651. Dem Meister zugeschrieben, siehe Weigel, Supplement zu Bartsch. qu. fol.

H. van Swanevelt.

948. 4 Bl. Die Landschaften mit den Satyrn. qu. 4. B. 49—52. Alte Abdrücke. Der Rand mit Tintenlinie eingefasst.
949. 2 Bl. Landschaften mit Tobias und Elias. qu. fol. B. 68, 69. 2. seltene Abdrücke mit Audran's Adresse. Der Rand unterlegt.
950. Die Brotvertheilung. qu. fol. B. 93. 1. Abdruck mit des Meisters Adresse. Faltig.
951. 2 Bl. Mercur und Battus. qu. fol. B. 95, 96. 2. seltne Abdrücke mit Mariette's Adresse und vor der Nummer.
952. 2 Bl. Die Flucht der heiligen Familie. qu. fol. B. 97, 98. 1. Abdrücke mit des Meisters Adresse (bei Nr. 98 diese jedoch ergänzt). Aufgezogen.
953. Bileam mit dem Engel. qu. fol. B. 111. 2. Abdruck mit Audran's Adresse. Oben verschnitten.
954. Landschaft in die Höhe. fol. B. 115. ˙ 1. Abdruck mit des Meisters Adresse. Fleckig.
955. Dasselbe. Der Druck schöner, aber der Name abgeschnitten, und aufgezogen.
956. 25 Bl. Verschiedene Landschaften mit Staffage. qu. fol. Meist späte Abdrücke oder beschädigt. Einige Bl. mehrfach.

J. Theodore nach F. Millet.

957. Die Landschaft mit den Hasen. qu. fol. B. 8. Vergleiche auch Robert-Dumesnil P.-Gr. Fr. Alter Abdruck, wie die Folgenden.
958. Die beiden Männer. qu. fol. B. 14.
959. Cephalus und Procris. qu. fol. B. 16.
*960. Dasselbe.
*961. Die Flucht nach Egypten. qu. fol. B. 20.
962. Christus mit der Cananiterin. qu. fol. B. 22.
963. Die beiden Hirten. gr. qu. fol. B. 28. Fleckig.

T. van Thulden.

964. 44 Bl. Der solenne Einzug des Cardinal und Infanten Ferdinand in Antwerpen. P. P. Rubens inv. roy. fol. Ein Hauptwerk. Gebunden in Halbfranz. gr. fol. Nebst 3 Bl. Doubletten von Nr. 12, 26, 37 und 38.; letztere beide bloss 1 Platte, vor den Nummern und Nr. 37 und 38 mit Veränderungen.

J. Toorenvliet.

*965a. Männlicher Kopf mit Hut. 1667. Schwarzkunst. 4.
Sehr selten.

A. Tummerman.

965b. Portrait von Fr. Andreini Comico gelaso. Oval.
4. Selten.

W. J. van Troostwyck.

*966. 12 Bl. Das Werk des Meisters, bestehend in Viehstücken und Thierstudien. qu. fol. qu. 4. Ebenso schön als selten.

L. van Uden.

967. Der Canal. qu. 8. B. 14. Später retouchirter Abdruck.

Von unbekannten Künstlern.

a. Radirte Blätter.

968. 2 Bl. Seestücke. qu. fol.
969. Bauern in der Schenke, wahrscheinlich nach C. Brouwer. qu. fol. Aetzdruck.
970. Lauserin mit Mädchen, ruhendem Knaben und Hund. 4.
971. Seehunde am Meeresstrande. qu. fol.
972. Interieur mit Bäuerin und zwei Kindern. fol. Aetzdruck.
973. Portrait von Joh. Huydecooper Aet. 50. A. 1651. (Nach F. Müller von P. Holstein nach J. Jansens.) fol.
974. Portrait von Joh. Pechlinus Rostochiensis Eccl. Aug. Conf. Lugd. in Bat. Pastor. Anno 29. Aet. 60. P. Engelvaert exc. fol.
975. Männlicher Kopf mit Bart. 8.

b. In Schwarzkunst.

*976. Die grauenvolle Ermordung der Brüder de Witt. Von dem Meister mit dem Anker. qu. fol. Sehr selten. Siehe Laborde p. 158 und Weigel's Kunstcatalog Nr. 6019.
977. Flötenbläser, vielleicht von W. Vaillant nach D. Teniers. fol.
978. 2 Bl. Bauern mit Glas und Pfeife, nach D. Teniers. Ebenso. 8.
979. Raucher. Oval. 8.

54 Niederländische Schule.

980. 2. Bl. Bauernköpfe, nach H. Goltzius und A. Both. 8.
981. Verwundeter Mann mit Schwert. 4.
982. Portrait eines Malers, mit Perrücke. 4. Vor der Schrift.
983. Corn. van Oeveren, Wagenmaker. Oval mit holländ. Vers. fol.
984. Männliches Portrait. 8.

c. Holzschnitt.

985. Die Anbetung der Könige. fol.

W. v. Valckaert

986. Die Büste des Plato. Holzschnitt. fol. Selten. Der Schriftrand abgeschnitten und angesetzt.
987a. Dasselbe. Copie aus D. v. Eye's Werk.

B. Vaillant.

987b. Der leidensvolle Christus. Schwarzkunst. 4.

J. Vaillant.

988. 6 Bl. Landschaften. qu. 8. Meist spätere retouchirte Abdrücke.

W. Vaillant.

a. Radirte Blätter.

*989. Portrait König Carl's II. von Grossbritannien. 1656. fol. Sehr selten.

b. Geschabte Blätter.

*990. Das angebliche Portrait der Frau des Meisters, mit Schleier. Oval. fol.
*991. Der junge Mann mit dem Zeichenbret. Aus der Familie des Meisters. fol.
992. Der lesende junge Mann. Desgleichen. 4.
*993. Der junge Mann im Mantel. 8.
*994. Dasselbe. Vor dem Zeichen des Meisters.
995. Das angebliche Portrait von van Dyck mit dem Zirkel. A. van Dyck p. fol. Die oberen Ecken verschnitten und aufgezogen.
996. Casp. Netscher. Se ipse p. fol.
*997. Conr. Hoppe, Geistlicher. fol. Vor der Schrift.
*998. Männliches Portrait en face mit Halskragen und Mantel. fol.
*999. Der Knabe mit dem Fahnenstock. fol. Vor aller Schrift.

*1000. Der sitzende Greis, Halbfigur. 4.
*1001. Der sich aufstützende junge Mann. 8.
*1002. Der Türke, Halbfigur. fol.
*1003. Der Cavalier, die Dame und der Page. G. Terburg p. fol.
*1004. Die Dame und der Trompeter mit dem Brief. Idem p. fol. Vor der Schrift.
1005. Das Concert von drei Personen, oder der Musikunterricht; in G. Flink's Manier. fol. Vor der Schrift.
1006. Die vier Bauern, in Bega's Manier. fol.
1007. Der Maler bei der Statue des Farnesischen Herkules. fol.
1008. Das Mädchen mit dem Hunde in A. van Dyck's Manier. fol.
*1009. Die Frau mit den Nadeln. fol.
*1010. Die schlafende Alte in Molenaer's Manier. fol. Chines. Papier. Aufgezogen.
*1011. Die Kuh mit den beiden Kälbern. C. Du Jardin p. fol.

J. C. van Varelen.

1012. 2 Bl. Der Pferde- und der Kuhmarkt. qu. 8.

A. van de Velde.

*1013. 10 Bl. Die Thierfolge, oder die Folge der Thiere mit dem Bullen auf dem ersten Blatte. qu. 4. B. 1—10. Alte schöne und sehr seltene Abdrücke mit Danckerts' Adresse.
1014. 10 Bl. Dieselbe Hauptfolge. Spätere Abdrücke, die Adresse zugelegt.
1015. 9 Bl. derselben Folge. B. 1—6, 9, 10, Nr. 3 doppelt, ebenso.
1016. Die Kuh und die Schafe beim Baume. qu. 4. B. 11.
1017. Der Ochse und die drei Schafe. qu. 4. B. 12.
1018. Die beiden Kühe beim Baume. qu. 4. B. 13.
1019. Das säugende Schaf. qu. 8. B. 14.
*1020. Die beiden Schafe. qu. 8. B. 15.

Vorstehende 5 Bl., die sogenannten Chefs d'Oeuvre des Meisters bilden eine Folge und können auch zusammen versteigert werden. Schöne neuere Abdrücke aus Puttrich's Sammlung.

56　Niederländische Schule.

*1021. Der Hirt und die Hirtin bei der Heerde. qu. fol. B. 17. Später Abdruck mit Houwens' Adresse und der Nr. 3.
1022. Dasselbe. Copie.

Jes. van de Velde.

1023. Die Landschaft mit der Schafheerde und dem Reisenden. gr. 4. Guter Abdruck mit Beerendrecht's Adresse.

Joh. van de Velde.

*1024. Die Waffelbäckerin. 4. Schöner 1. Abdruck mit des Meisters Adresse.
*1025. Die Landschaft mit Tobias und dem Engel am Wasser. M. Uytenbroeck inv. qu. fol.
1026. 4 Bl. aus dem Leichenzug des Prinzen Moritz von Nassau. Nr. 6, 7, 9, 10. Schmal gr. qu. fol. fol.
1027. 4 Bl. Die Folge der Jahreszeiten. qu. fol. 2. Abdrücke mit Visscher's Adresse.
1028. 4 Bl. Die Folge der Elemente. W. Buytenweg inv. 1622. qu. fol. Selten. Aufgezogen.
1029. 2 Bl. aus der anderen Folge der Elemente, dabei der Kanonenschuss. Idem inv. qu. fol. 2. Abdrücke mit Visscher's Adresse.
*1030. Die Landschaft mit dem Esel und dem Füllein. qu. fol. Ebenso.
*1031. Die römische Ansicht, oder die Brücke St. Maria. 1617. qu. fol. Ebenso. Aufgezogen.
1032. Die Landschaft mit den Ruinen und der Heerde des Laban. Ebenso. qu. fol.
*1033. Die Dorfansicht mit dem Bauertanz. qu. fol. Ebenso.
*1034. 4 Bl. Die Folge der Landschaften mit den Reisenden. Percurens habitus pulchros formasq. etc, qu. fol. Ebenso.
1035. Landschaft mit Ruinen und Ziegen mit Hirten. Aus einer Folge. qu. fol.
*1036. Die Landschaft bei der Morgenröthe mit den Hirten beim Feuer. qu. 8.
1037. 48 Bl. Landschaften aus Folgen. kl. qu. fol. qu. 8. Mehrere doppelt.
1038. 8 Bl. Die reiche Folge der Märkte, Züge etc. Schmal qu. fol. Die Ecken zum Theil beschädigt.

N. Verkolje. 57

1039. 4 Bl. Die Landschaften mit Pilgern und Figuren. Vita brevis etc. qu. 8.
1040. 3 Bl. Titelblätter etc. 4. 8. qu. 8.

J. E. Verboeckhofen.

1041. 5 Bl. Die Thierfabeln nach Lafontaine. 8. qu. 8.
1042. 5 Bl. Dieselbe Folge.
1043. Der Wolf und der Hund, aus derselben Folge. Vor der Schrift.
1044. Die beiden Maulesel, aus derselben Folge. Ebenso und auf Chines. Papier.
1045. Der Ochse und die Frösche, aus derselben Folge Ebenso.
1046. Der grasende Ochse. qu. 8.
1047. Der Esel. qu. 8. Chines. Papier.
1048. Dasselbe. Matter.
1049. Das alte Pferd. qu. 8. Chines. Papier.
1050. Der Affe. 8. Ebenso.
1051. Der Pferdekopf. qu. 8. Ebenso.
1052. Die Gemse. qu. 8. Ebenso.
1053. Die kleine Landschaft mit der Windmühle. kl. 8. Ebenso.
1054. Die grosse Viehheerde. qu. fol.

A. H. Verboom.

1055. 2 Bl. Landschaften. qu. 4. B. 1, 2. 2. ältere Abdrücke.

J. Verkolje.

*1056. Der Hund. 1684. Schwarzkunst. qu. 4. Sehr seltner Abdruck in Bister.

N. Verkolje.

*1057. Portrait von J. van Huysum. Schwarzkunst, wie die Folgenden. fol. Ebenso.
1058. Portrait von J. P. Zomer. A. Boone p. fol. 1. Abdruck, vor dem Todesjahre 1724 links an der Wand und mit der weiblichen Figur auf dem Papierblatte.
*1059. Das junge Paar mit der Wahrsagerin. fol. Ein Hauptblatt in sehr seltnem Abdrucke in Bister und vor der Schrift.
*1060. Der verlorne Sohn bei den Dirnen, oder das Bor-

58 Niederländische Schule.

dell. gr. fol. Capitalblatt in vortrefflichem und äusserst seltnem Abdruck in Bister, vor der Schrift und auf Chines. Papier.
*1061. Der verlorene Sohn im Freien, oder der pissende Junge. J. B. Weenix p. qu. fol. Capitalblatt in äusserst seltnem Abdrucke auf Japan. Papier.
1062. Das pissende Pferd. Ph. Wouwerman p. qu. 4.
1063. Vertumnus und Pomona in Netscher's Manier. Dem Meister zugeschrieben. fol.

V. van der Vinne.
1064. Der Jahrmarkt. qu. 8.

W. van der Vinne.
1065. Die Schafheerde. qu. 4.

G. de Vivier.
1066. Die Grablegung Christi. A. van Heuvel inv. qu. fol. Rob.-Dum. 1.
*1067. Dasselbe.
*1068. Dasselbe.
*1069. Die Versuchung des heiligen Antonius. Idem inv. fol. R.-D. 3.
*1070. Dasselbe.
*1071. Dasselbe.

S. de Vlieger.
*1072. Das Gehölz am Canal. qu. 4. B. 6.
1073. Das Pferd an der Schleife. qu. 4. B. 14. Beschädigt und aufgezogen.

J. G. van Vliet.
*1074. Der grosse heilige Hieronymus in der Höhle. Rembrandt inv. 1671. fol. Capitalblatt in 1. Abdruck vor der Adresse.
1075. 7 Bl. aus der Folge der Bettler. 8. B. 60, 74 — 77, 82. Ersteres doppelt.

C. de Wael.
1076. Die ruhenden Männer und Frauen zu Pferd und Fuss. qu. fol.
1077. 10 Bl. Italienische Volksscenen, dabei der Titel

A. Waterloo. 59

mit der Dedication an G. v. d. Straten. Aus verschiedenen Folgen. 1 Bl. beschädigt.

J. B. de Wael.

1078. 9 Bl. Dergleichen. qu. 8. B. 1, 3, 4, 8, 9, 11, 12, 14. Nr. 11 doppelt. 1. Abdrücke vor den Nummern. Meist fleckig.

A. Waterloo.

1079. 4 Bl. Folge von Landschaften. kl. qu. 4. B. 3—6. Alte Abdrücke. Nr. 3 vor der Adresse und Nummer.
1080. 4 Bl. Dieselben, mit Nr. Gemischte Abdrücke.
1081. 4 Bl. Dieselben. Nr. 3 mit Ottens' Adresse.
1082. 3 Bl. derselben Folge, Nr. 4—6. Spätere Abdrücke.
1083. 10 Bl. der Dorfansichten. qu. 8. B. 9—11, 14, 15, 16, 18. Spätere Abdrücke. Mehrere fleckig. 3 Bl. doppelt.
1084. 12 Bl. Folge von Landschaften. qu. 8. B. 21—32. Gemischte, meist alte Abdrücke.
1085. 22 Bl. aus derselben Folge. Gemischte alte und späte Abdrücke. Viele mehrfach.
1086. 6 Bl. Folge von Landschaften. qu. 8. B. 33—38. Alte schöne Abdrücke. Nr. 38 die neue Copie.
1087. 5 Bl. derselben Folge. qu. 4. B. 33—37. Meist alte Abdrücke.
1088. 7 Bl. derselben Folge. Gemischte Abdrücke, meist mehrfach.
1089. Die Hütte. qu. 4. B. 39. Alter 2. Abdruck mit der Nummer.
*1090. Das Thor am Zaune. qu. 4. B. 44. Alter Abdruck mit der grossen Schellenkappe.
*1091. 4 Bl. aus der Folge der Landschaften. qu. 8. B. 48, 50, 51, 52. Alte Abdrücke, zwei mit der grossen Schellenkappe.
1092. 6 Bl. Doubletten aus derselben Folge. Letztere doppelt. Meist alte Abdrücke.
*1093. 6 Bl. Folge von Landschaften. qu. 4. B. 53—58. Alte schöne Abdrücke. Nr. 55 etwas gefärbt.

60 Niederländische Schule.

1094. 7 Bl. derselben Folge. B. 55, 57, 58. Letzteres gefärbt. Ersteres 5 mal.
*1095. 4 Bl. aus der Folge der Landschaften. qu. 4. B. 59, 60, 62, 63. Alte schöne Abdrücke, zum Theil mit der grossen Schellenkappe.
1096. 3 Bl. aus derselben Folge. B. 62, 63. Alte Abdrücke. Letzteres doppelt, vor und mit der Aufätzung.
*1097. 5 Bl. aus der Folge der Landschaften. qu. 4. B. 65, 66, 67, 69, 70. Meist alte Abdrücke. Nr. 65 mit Ottens' Adresse.
1098. 3 Bl. aus derselben Folge. B. 65, 67. Letzteres doppelt.
*1099. 2 Bl. aus der seltenen Folge mit den Wasserfällen. qu. 4. B. 72, 76. Alte schöne Abdrücke.
1100. Die beiden Hütten, aus derselben Folge. B. 76. Etwas fleckig.
*1101. Dasselbe. Ebenso.
1102. 6 Bl. Folge von Landschaften und Prospecten. qu. fol. B. 89—94. Gemischte, meist ältere Abdrücke.
1103. 4 Bl. aus derselben Folge. B. 90, 91, 93, 94. Meist spätere Abdrücke.
1104. 8 Bl. Dieselben. Ebenso. Einige mehrfach.
1105. Der eingezäunte Wald. qu. fol. B. 108. Alter Abdruck vor der Aufätzung, aber matt.
1106. Die grosse Linde. qu. fol. B. 113.
*1107. Die Hütte am Flusse. qu. fol. B. 116. Alter Abdruck vor der Aufätzung.
*1108. Der Reiter bei der Hecke. qu. fol. Ebenso.
1109. Dasselbe. Aufgeätzt.
*1110. Der saufende Hund. fol. B. 120. Alter Abdruck vor der Aufätzung.
*1111. Der Bucklige mit dem Knaben. fol. B. 121. Ebenso.
1112. Dasselbe. Ebenso. Faltig.
*1113. Die ruhenden Reisenden. Alter Abdruck vor der Aufätzung.
*1114. Alpheus und Arethusa. fol. B. 125. Ebenso.
1115. Apollo und Daphne. fol. B. 126. Ebenso, aber stumpf.

1116. Dasselbe. Aufgeätzt.
1117. Venus und Adonis. fol. B. 129. Alter Abdruck vor der Aufätzung.
1118. Die kleine Landschaft. Zweifelhaft. qu. 4. B. p. 140. Vor der Nummer.
1119. Dasselbe. Ebenso.
1120. Dasselbe, mit der Nummer.
1121. 2 Bl. Dasselbe, ebenso, 2 mal.

J. de Wit.

1122. 2 Bl. Die Genien bei Vase und Pyramide. kl. qu. fol.
1123. 2 Bl. Dieselben.
1124. 2 Bl. Ein Blatt davon noch 2 mal.
1125. 2 Bl. Die schwebenden Genien. qu. fol.
1126. Madonna mit Kind. 4.

P. C. Wonder.

*1127. Der Meister selbst, zeichnend. 8.

M. VVtenbroeck.

*1128. Hagar in der Wüste. qu. 8. B. 5. 1. Abdruck mit v. d. Velde's Adresse.
1129. Dasselbe. 2. Abdruck mit N. Visscher's Adresse.
1130. Apollo bei der Heerde. qu. 4. B. 26. Guter 2. Abdruck.

J. Wyck (Wyke).

*1131. Die Stadtbelagerung, im Vorgrunde links der commandirende General. qu. fol. Aeusserst selten.

T. Wyck.

*1132. Die Spinnerin. kl. 8. B. 1. Alter 2. Abdruck mit der Nummer.
*1133. Die Spieler. 8. B. 2.
1134. Die Nähterin. 8. B. 3.
1135. Dasselbe.
1136. Der mit dem Schuh beschäftigte Mann. 8. B. 4.
1137. Dasselbe. Braun und aufgezogen.
1138. Die Frau mit den beiden Körben. qu. 4. B. 14. Aufgzogen.

R. Zeeman.

1139. 6 Bl. Seestücke etc. aus der Folge. qu. fol. B. 69, 70, 71, 74, 94 etc.

Hercules Segers.

1140. Gebirgsgegend mit von Bergen eingeschlossenem Thal, mit Bäumen und kleiner Ortschaft. Radirt und der Aquatinta ähnliche Arbeit. qu. fol. Breite 7", Höhe 3" 10'". Aeusserst selten. Siehe Frenzel im Kunstblatt für 1829 Nr. 19. pag. 73, Nr. 5. Aufgezogen und oben etwas verschnitten.

III. Handzeichnungen.

C. Bega.

*1141. Sitzender Bauer mit flacher Mütze. Kreide, weiss gehöht auf blau Papier.
Höhe 11" 6'", Breite 7" 11'" altfranz. Mass.

W. van Bemmel.

1142. Landschaft mit Fluss. Kreide. Mit dem Zeichen.
Höhe 9", Breite 7" 3'".

J. Berkheiden.

1143. Sitzender Bauer. Kreide, weiss gehöht auf blau Papier.
Höhe 6" 5'", Breite 5" 4'".

P. van Bloemen.

*1144. Widder und zwei Ziegen. Rothstein und Kreide.
Breite 9" 6'", Höhe 7" 1'".

1145. Liegendes bepacktes Cameel. Rothstein.
Breite 10", Höhe 7" 11'".

F. Boitard.

1146. Diana und Endymion und die Zeit mit Liebesgöttern Feder. Mit dem Namen.
Breite 16" 1'", Höhe 10" 7'".

P. v. Bos.

1147. Bettler mit Krücke. Rothstein. Mit dem Namen.
Höhe 8" 7'", Breite 6" 3'".

A. F. Baudouin.

1148. 2 Bl. Landschaften mit Flüssen und Brücken. Rothstein.
Breite 16", Höhe 11'".

P. Bout.

*1149. Landschaft mit Jägern. Zeichnung mit Feder und Tusche zu dem vom Meister selbst radirten Blatte. Bartsch Nr. 4.
Breite 10" 3''', Höhe 7" 5'''.

L. Bramer.

1150. Frauen mit Kindern vor hohen Priestern. Kreide und Tusche.
Breite 10", Höhe 7" 1'''.

1151. Historische Darstellung mit Weib mit den Köpfen getödteter Kinder. Rothstein.
Breite 11" 4''', Höhe 7" 6'''.

J. Breughel.

1152. 4 Bl. Figurenstudien und Landschaften, zum Theil in dessen Manier. Tusche, Feder, farbig und 1 Bl. Radirung mit Tusche und weiss gehöht. qu. fol. fol.

J. Cuyper.

1153. Landschaft mit Fluss, in Both's Manier. Bister.
Höhe 7" 2''', Breite 8" 8'''.

A. van Everdingen.

*1154. Landschaft mit Wasser und Stadt mit Thurm im Hintergrunde. Tusche.
Breite 7" 11''', Höhe 3" 5'''.

*1155. Landschaft mit Gebäuden am Wasser und Boot mit zwei Männern. Bister.
Höhe 3" 10''', Breite 3" 9'''.

A. van Diepenbeck.

1156. Ruhende Venus in einer Landschaft. Feder.
Breite 10" 7''', Höhe 7".

S. van der Does.

1157. Ruhende Herde mit Hirten. Kreide und Tusche. Fleckig.
Höhe 9" 2''', Breite 8" 7'''.

C. Du Jardin.

1158. Ziehende Herden mit Hirten bei Brückenbogen. Kreide und Tusche.
Breite 10" 10''', Breite 7" 4'''.

Niederländische Schule.

C. Du Sart.
1159. Sitzender Bauer und Bäuerin. Feder und Bister. Höhe 3", Breite 2" 11'''.

B. Gaal.
*1160. Landschaft mit Jagdparthie. Kreide und Tusche. Breite 11''', Höhe 6" 10'''.

A. de Gelder.
*1161. Waldparthie mit Weg. Feder, Rothstein und Tusche. Breite 10" 11'''. Höhe 6" 7'''.

J. de Geyn.
1162. Landschaft mit Fluss und Brücken. Feder. Mit dem Zeichen und 1598. Breite 7", Höhe 5" 3'''.

H. Goltzius.
1163. Frauenportrait. Kreide und Rothstein. Höhe 6" 3''', Breite 6" 1'''.
1164. Frauenkopf mit Krone. Rothstein und Kreide. Höhe 8" 7''', Breite 7" 1'''.
1165. Narr mit Kappe. Ebenso, auf Pergament. Höhe 7" 10''', Breite 5" 5'''.

J. Hakkaert.
*1166. Felsige Landschaft mit Fluss und Brücke. Feder und Tusche. Breite 10" 5''', Höhe 6" 9'''.

J. van den Hagen.
1167. Landschaft mit Figuren. Kreide, Tusche, weiss gehöht auf blau Papier. Aufgezogen. Breite 9" 9''', Höhe 8" 9'''.

M. Heemskerk.
1168. Moses am rothen Meer. Feder und Tusche. Höhe 8" 4", Breite 5" 9'''.

B. H. van Hove.
*1169. Landschaft mit Reiter. Aquarelle mit dem Namen. Breite 9" 5''', Höhe 7" 5'''.

J. van Huysum.
1170. Heroische Landschaft mit Aktäon von Hunden gehetzt. Tusche, Rothstein. Breite 14", Höhe 11".

J. Josephus.
1171. Johannes der Evangelist, schreibend. Feder. Mit dem Namen und 1654.
Höhe 7" 7''', Breite 5" 8'''.

J. Jordaens.
1172. Satyr mit Fruchtreis. Kreide, weiss gehöht.
Höhe 15" 5''', Breite 10" 3'''.

J. Kobell.
1173. Liegendes Schaf. Kreide, Rothstein. Mit dem Namen.
Breite 5" 9''', Höhe 4" 6'''.

L. van der Koogen.
1174. Junger Mann, vielleicht der Künstler selbst, in Halbfigur. Tusche auf Pergament·
Höhe 4" 7''', Breite 3" 1'''.

J. van der Laer.
1175. 2 Bl. Schlachten. Feder.
Breite 7" 7''', Höhe 5".

G. Lairesse.
1176. Satyrn und andere Figuren bei einer Vase. Bister.
Höhe 6" 6''', Breite 4" 7'''.
1177. 2 Bl. historische und allegorische Darstellungen. Rund 4. und qu. 8.
1178. Stehendes Kind. Rothstein.
Höhe 15", Breite 6" 9'''.
1179. 2 Bl. Das Opfer des Monoah, und Venus und Mars. In Lairesse's Manier. Feder und Tusche. fol.

J. Livens.
1180. Landschaftsskizze. Feder. Mit dem Namen.
Breite 11" 5''', Höhe 7" 3'''.

J. Luyken.
1181. Christi Predigt im Schiff, mit unzähligen Figuren. Feder.
Breite 15" 7''', Höhe 12'''.
1182. Das jüngste Gericht. Ebenso.
1183. Petrus und Johannes heilen Kranke. Feder und Tusche.
Breite 7" 5''', Höhe 5'''.
1184. Die Misshandlung des Sohnes des Herrn vom Weinberge. Ebenso.

1185. Das Gleichniss von der Hochzeit des Königssohns. Ebenso.
1186. Paulus und Barnabas in Lystra. Ebenso.
1187. 16 Bl. geistliche, allegorische (mystische) Darstellungen. Ebenso.
Breite 3", Höhe 2" 9'''.

D. Maas.
1188. Bergige Landschaft mit Ruinen. Kreide und Tusche.
Breite 11" 7''', Höhe 7" 4'''.
1189. Felsige Landschaft mit Wasserfall, Jägern mit Hunden und Reisenden mit Maulthieren. Ebenso.
Breite 11" 10''', Höhe 7" 5'''.

P. Morelse.
1190. Das Bad der Diana mit Aktäon. Feder und Tusche. Oben gerundet.
Breite 11", Höhe 4".

J. Moucheron.
1191. Landhaus mit Garten, Beeten, Springbrunnen etc. Tusche. Mit dem Namen.
Breite 11" 7''', Höhe 7" 3'''.

J. van Neck.
1192. Elieser und Rebekka. Bister. Mit dem Namen.
Breite 6" 5''', Höhe 5" 4'''.

G. Neyts.
1193. Stadtansicht mit Bäumen. Farbige Tusche.
Breite 11" 9''', Höhe 7" 2'''.

B. Picart.
1194. Chinesischer Götzendienst. Rothstein.
Breite 7" 8''', Höhe 5" 5'''.

P. Quast.
1195. Judensynagoge. Rothstein.
Höhe 11" 2''', Breite 7" 8'''.

H. Quiter.
1196. Endymion. Reiche mythologische Darstellung, in Lairesse's Manier. Feder und Bister.
Höhe 17" 4''', Breite 13" 3'''.

H. Sachtleven. 67

N. Ritter.
1197. Flötender Hirt. Kreide. Mit dem Namen.
Höhe 11" 9''', Breite 8" 11'''.

Rembrandt.
1198. Christus unter den Pharisäern. Feder und Bister.
Breite 9", Höhe 6" 6".
1199. Joseph bei Potiphar und dessen Weib. In Rembrandt's Manier. Bister, weiss gehöht.
Breite 10", Höhe 7" 8".
1200. Landschaftskizze, Dorf mit Brücke. Bister.
Breite 6" 2''', Höhe 2" 9'''.

R. Roghman.
1201. Landschaft mit Dorf am Fluss und Figuren. Kreide, Tusche, weiss gehöht auf blau Papier. Zwei Ecken beschädigt.
Breite 20" 2''', Höhe 13" 10'''.
1202. Landschaft mit Figuren zu Pferd und zu Fuss. Feder und Tusche.
Breite 10" 7''', Höhe 7" 1'''.
1203. Scheune mit Hühnern. Feder und Tusche.
Höhe 11" 6''', Breite 7" 4'''.
1204. Ruinen. In Roghman's Manier. Farbige Tuschen.
Breite 10" 2''', Höhe 6" 2'''.

C. Sachtleven.
1205. Gebäude mit verfallenem Thor. In farbigen Tuschen.
Breite 7", Höhe 5" 6'''.

H. Sachtleven.
1206. Landschaft mit Strasse, Wagen und Figuren. Kreide und Bister.
Höhe 14", Breite 11".
*1207. Landschaft mit ruhenden Landleuten. Ebenso.
Breite 8" 10''', Höhe 6" 6'''.
*1208. Rheinlandschaft. Kreide und Tusche.
Breite 10" 9''', Höhe 7".
1209. Landschaft mit Gebäuden. Kreide und Bister.
Breite 14", Höhe 8" 8'''.
1210. 4 Bl. Landschaften, theils in Ruysdael's theils in Sachtleven's Manier. Kreide und Tusche. qu. fol. qu. 4. qu. 8.

68 Niederländische Schule.

1211. Baumstudie. Kreide, weiss gehöht auf blau Papier. Fleckig.
Höhe 15", Breite 9" 7'".
1212. Parthie im Colisseum. In Sachtleven's Manier. Kreide.
Höhe 15" 6'", Breite 10" 3'".

A. Schelfhout.

1213. Capitallandschaft mit Fluss und Kirche. Feder, Tusche, Bister. Mit dem Namen.
Breite 17" 2'", Höhe 13" 8'".

J. C. Schotel.

1214. Mädchen mit Bürde auf dem Rücken. Kreide, weiss gehöht.
Höhe 10" 2'", Breite 6" 4'".

H. Spilman.

1215. Landschaft mit Hütte. Tusche.
Breite 5" 8'", Höhe 3" 9'".
1216. Tanzender Bauer, nach C. Bega. Aquarelle.
Höhe 2" 11'", Breite 1" 10'".

B. Spranger.

1217. 4 Bl. Mythologische und andere Darstellungen. Feder, Bister etc. fol. qu. fol.

P. Stephanus (Steevens).

1218. Stadtansicht mit Fluss. Aquarelle.
Breite 7" 1'", Höhe 5" 5'".

H. van Swanevelt.

1219. Ansicht in Rom mit der Dame mit dem Sonnenschirm. Bekannt durch die Radirung des Meisters. Bister.
Breite 9" 6'", Höhe 6" 5'".

J. den Uil.

1220. Landschaft mit weiter Ferne. Kreide und farbige Tuschen.
Breite 11" 6'", Höhe 6" 6'".

J. van der Ulft.

1221. Die St. Bartholomäusbrücke in Rom, mit Umgebung und Figuren. Feder und Bister.
Breite 11" 10'", Höhe 10" 10'".

1222. Seehafen mit Figuren. Ebenso.
Breite 7", Höhe 5" 9'''.

1223. Antike Ruinen mit Figuren. Feder und Tusche.
Breite 6" 1''', Höhe 4" 11'''.

A. van de Velde.

*1224. Zwei ruhende und ein stehendes blökendes Schaf bei Baumstamm und Disteln. Rothstein. Mit dem Zeichen. Aus Mauser's Sammlung. Aufgezogen.
Breite 5" 2'''. Höhe 4" 2'''.

A. van der Venne.

1225. Knabe, Jüngling und Greis. Bister. Die Ecken beschädigt.
Breite 9" 2''', Höhe 7" 5'''.

T. Vereyck.

1226. Dorfansicht mit Canal. Tusche.
Breite 8" 11''', Höhe 7'''.

W. Verschuur.

1227. Fünf Studien von Hunden. Rothstein. Mit dem Namen und 1841.
Breite 7" 4''', Höhe 5" 7'''.

D. Vertangen.

1228. Landschaft mit der ruhenden Diana und ihren badenden Nymphen. Feder und Tusche.
Breite 11''' 7''', Höhe 7" 1'''.

J. van der Vinne.

1229. Eine den Fluss passirende Herde. Feder und Bister.
Breite 6", Höhe 4" 6'''.

S. de Vlieger.

1230. Landschaft mit Tobias mit dem Engel, ähnlich der bekannten Radirung Waterloo's. Kreide, Tusche, weiss gehöht auf blau Papier. Mit dem Namen. Etwas fleckig.
Höhe 11" 2''', Breite 8" 10'''.

M. de Vos.

1231. Der Christusknabe im Tempel. Feder.
Höhe 7" 9''', Breite 5" 11'''.

1232. Die Anbetung der Hirten. Feder, Bister, weiss gehöht auf blau Papier.
Höhe 9" 9''', Breite 7" 1'''.

A. Waterloo.

1233. Felsige Landschaft mit Wasserfall und Figuren. Kreide und Tusche.
Breite 11" 5''', Höhe 9" 10'''.

J. de Wit.

1234. Genien bei einer Statue. Feder, Tusche, weiss gehöht.
Höhe 7" 7''', Breite 4" 8'''.
1235. Plafond mit Apollo und den Musen. Ebenso.
Breite 10" 9''', Höhe 6''.

RUDOLPH WEIGEL'S KUNST-AUCTION IN LEIPZIG.

Versteigerungspreise
der
Börner'schen Kunstsammlung
I. Abtheilung
vom 22. Januar 1863.

Wo unter den Limiten weggegangen, entsprachen die Blätter nicht den Anforderungen meiner Herren Comittenten.

Rudolph Weigel.

Nummer	Rt.	ngl	Nummer	Rt.	ngl	Nummer	Rt.	ngl	Nummer	Rt.	ngl
1	—	25	25	1	10	54b	—	25	85	—	10
2	—	18	26	—	12	55	—	4	86	2	7
3	—	22	27	—	9	56	—	4	87	2	17
4	—	3	28	—	7	57	—	3	88	1	14
5	1	12	29a	—	8	58	4	—	89	8	—
6	—	16	29b	—	1	59	—	5	90	—	2
7a	2	8	30	1	20	60	2	1	91	—	—
7b	—	10	31	—	6	61	1	—	92	—	1
8	1	—	32	24	—	62	—	25	93	—	4
9	3	—	33	—	8	63	—	10	94	—	13
10	—	11	34	4	—	64	—	4	95	—	18
11	1	6	35	6	—	65	2	12	96	—	12
12a	5	13	36	—	2	66	25	—	97	—	26
12b	1	22	37	—	4	67	24	—	98	—	13
12c	1	1	38	—	2	68	8	12	99	—	12
12d	1	—	39	—	2	69	4	—	100	2	6
12e	—	6	40	3	7	70	—	5	101	2	7
12f	—	20	41	5	—	71	—	29	102	—	12
12g	—	4	42	3	5	72	1	28	103	—	20
13	3	29	43	—	28	73	—	10	104	—	20
14	4	1	44	—	8	74	—	4	105	—	7
15	—	12	45	—	6	75	—	4	106	—	6
16	—	20	46	—	18	76	—	12	107	—	6
17	—	6	47	—	4	77	—	2	108	—	7
18	—	9	48	—	2	78	—	—	109	—	4
19	—	7	49	1	3	79	1	10	110	—	4
20	—	15	50	2	10	80	3	10	111	—	1
21	—	19	51	—	22	81	1	10	112	—	12
22	10	1	52	—	16	82	—	10	113	—	8
23	2	8	53	—	1	83	2	8	114	—	7
24	—	15	54a	1	15	84	2	4	115 u. 116	—	2

Nummer	Rd.	ngf	Nummer	Rd.	ngf	Nummer	Rd.	ngf
—	—	—	158d	—	12	196	—	17
117		1	158e	—	13	197	—	4
118	—	1	158f	—	10	198	—	6
119	—	2	158g	—	7	199	—	14
120	—	3	158h	—	4	200	—	1
121	2	12	158i	—	13	201	1	29
122	—	—	158k	1	13	202	—	5
123	—	8	159	1	14	203	—	18
124	—	10	160	1	—	204	—	1
125	—	10	161a	—	16	205	—	2
126	—	3	161b	—	5	206	—	—
127	—	8	162	3	12	207	—	15
128	—	2	163	2	12	208	—	10
129	—	15	164	6	12	209	—	17
130	—	15	165	2	—	210	—	1
131	—	12	166	—	12	211	—	—
132	1	—	167a	1	25	212	2	9
133	—	—	167b	—	6	213	—	10
134	—	18	168	—	18	214	—	5
136	—	2	169	—	10	215	—	16
137	—	—	170	—	10	216	—	4
138	—	8	171	8	—	217	—	—
139	—	6	172	1	5	218	—	6
140	—	5	173	—	16	219	1	10
141	—	—	174	—	5	220	—	1
142	—	12	175	—	—	221	—	—
143	—	6	176	—	2	222	—	10
144	—	20	177	—	—	223	—	6
145a	3	—	178	—	3	224	—	6
145b	—	—	179	—	5	225	5	21
145c	4	—	180	—	—	226	—	8
146	2	15	181	—	—	227	—	5
147	8	15	182	—	3	228	—	2
148	—	13	183	—	5	229	—	12
149	9	—	184	—	2	230	1	20
150	5	15	185	1	18	231	—	—
151	—	—	186	—	15	232	—	8
152	—	2	187	—	16	233	—	10
153	—	3	188	—	16	234	—	10
154	2	12	189	—	1	235	1	3
155	—	25	190	—	1	236	6	—
156	—	19	191	1	—	237	1	13
157	—	—	192	—	5	238	—	10
158a	—	24	193	—	12	239	—	16
158b	1	8	194	—	12	240	—	10
158c		16	195	—	13	241	—	20

3

Nummer	Rd.	rgl	Nummer	Rd.	rgl	Nummer	Rd.	rgl	Nummer	Rd.	rgl
288	—	2	333a	—	1	377a	—	15	419	5	20
289	—	—	333b	—	1	377b	2	10	420	2	20
290	—	8	334	1	25	377c	2	—	421	—	2
291	—	1	335	2	4	378	—	5	422	—	23
292	—	—	336	—	2	379	1	3	423	—	4
293	—	6	337	—	7	380	—	9	424	—	—
294	—	3	338	—	7	381	1	15	425	1	8
295	—	15	339	—	2	382	8	12	426	—	9
296	—	14	340	—	5	383	5	—	427	17	—
297	—	10	341	—	5	384	—	13	428	2	—
298	—	—	342	—	1	385	—	4	429	13	1
299	—	29	343	—	3	386	—	3	430	2	—
300	—	2	344	1	18	387a	—	9	431	27	—
301	—	10	345	2	6	387b	—	3	432	1	20
302	—	—	346	3	21	388a	—	25	433	—	20
303	4	—	347	1	16	388b	—	25	434	3	8
304	3	12	348	—	10	389	2	11	435	—	8
305	—	15	349	2	7	390	28	—	436	5	12
306	—	8	350	—	4	391	6	—	437	—	8
307	—	1	351	2	2	392	3	6	438	—	8
308	—	11	352	—	9	393	5	20	439	—	7
309	—	26	353	1	2	394	4	2	440	—	2
310	—	20	354	—	5	395	—	19	441	—	23
311	4	6	355	—	6	396	—	17	442	—	2
312	—	9	356	—	12	397	—	2	443	—	16
313	—	2	357	—	12	398	1	15	444	—	18
314	—	20	358	2	—	399	1	12	445	—	18
315	—	14	359	—	7	400	—	20	446	6	—
316	—	15	360	—	20	401	—	10	447	1	8
317	—	2	361	—	9	402	—	15	448	4	—
318	—	20	362	3	10	403	—	2	449	1	10
319	—	20	363	3	29	404	—	12	450	—	2
320	—	2	364	2	—	405	1	—	451	2	13
321	4	—	365	4	1	406	—	7	452	—	6
322	—	19	366	2	—	407	—	6	453	—	1
323	—	9	367	—	7	408	—	9	454	1	20
324	—	8	368	—	12	409	—	2	455	—	25
325	1	7	369	—	12	410	—	8	456	—	15
326	—	2	370	—	14	411	—	20	457	—	2
327	2	17	371	—	2	412	—	20	458	1	10
328a	—	5	372	—	2	413	—	15	459	—	4
328b	—	10	373	—	4	414	—	3	460	—	5
329	—	10	374	—	8	415	2	—	461	—	17
330	1	5	375	4	17	416	—	21	462	—	4
331	—	2	376a	3	6	417	—	5	463	—	8
332	—	2	376b	1	11	418	1	10	464	—	6

4

Nummer	ℳ	₰	Nummer	ℳ	₰	Nummer	ℳ	₰	Nummer	ℳ	₰
465	—	12	512	—	8	557	1	5	603	—	10
466	1	5	513	—	8	558	1	—	604	11	12
467	—	13	514a	—	6	559	—	15	605	—	26
468	—	7	514b	—	6	560	3	20	606	7	1
469	—	12	515	1	5	561	—	12	607	18	—
470	—	16	516	1	—	562	2	20	608	4	1
471	1	3	517	—	20	563	2	9	609	16	—
472	—	8	518	—	12	564	2	12	610	17	—
473	—	10	519	—	10	565	2	11	611	—	20
474	2	22	520	—	15	566	—	10	612	18	—
475	3	—	521	3	6	567	2	29	613	12	1
476	—	15	522	4	6	568	2	16	614	13	—
477	—	15	523	1	10	569	10	1	615	—	20
478	—	2	524	—	14	570	5	12	616	—	20
479	—	29	525	—	9	571	1	5	617	18	—
480	—	23	526	—	16	572	1	12	618	14	—
481	—	8	527	—	16	573	1	—	619	16	—
482	4	29	528	2	—	574	4	18	620	2	25
483	2	19	529	2	9	575	—	8	621	4	25
484	7	—	530	—	10	576	1	—	622	3	15
485	—	6	531	—	6	577	1	21	623	15	—
486	—	5	532	1	5	578	4	1	624	1	—
487	—	12	533	—	1	579	4	—	625	—	4
488	1	25	534	—	27	580	4	4	626	—	4
489	2	—	535	—	23	581	—	7	627	7	—
490	—	12	536	—	22	582	4	24	628	—	10
491	1	10	537	—	19	583	—	9	629	—	16
492	2	25	538	—	6	584	2	8	630	—	9
493	1	5	539	2	3	585	6	16	631	2	15
494	—	12	540	2	4	586	2	29	632	11	15
495	—	12	541	—	20	587	—	3	633	—	2
496 u. 497	—	1	542	—	20	588	1	13	634	—	3
498	—	1	543	—	18	589	2	26	635	—	6
499	—	—	544	—	8	590	2	—	636	—	3
500	—	2	545	—	8	591	—	8	637	—	1
501	2	20	546	—	22	592	1	16	638	—	16
502	—	15	547	—	5	593	3	20	639	—	—
503	2	7	548	—	2	594	—	12	640	1	2
504	—	29	549	—	2	595	—	23	641	—	12
•505	1	8	550	—	1	596	—	5	642	—	6
506	—	13	551	9	15	597	—	5	643	3	14
507	5	—	552	14	1	598	—	3	644	—	1
508	5	—	553	5	9	599	—	4	645	—	1
509	4	—	554	2	—	600	—	2	646	—	2
510	20	1	555	3	—	601	5	18	647	2	12
511	—	9	556	1	11	602	1	8	648	3	16

Nummer	Rb	ngl	Nummer	Rb	ngl	Nummer	Rb	ngl	Nummer	Rb	ngl
649	3	10	696	—	4	743	—	6	790	—	16
650	1	12	697	—	9	744	—	6	791	—	14
651	—	8	698	—	8	745	—	2	792	—	14
652	—	18	699	1	3	746	—	10	793	—	16
653	—	18	700	—	18	747	13	—	794	—	11
654	1	10	701	—	16	748	3	12	795	—	10
655	1	6	702	—	16	749	3	15	796	—	11
656	—	5	703	—	12	750	6	1	797	—	10
657	—	13	704	—	20	751	5	25	798	—	14
658	—	13	705	—	22	752	8	15	799	—	4
659	—	2	706	2	10	753	—	5	800	—	4
660	1	3	707	—	2	754	13	1	801	—	3
661	1	12	708	2	13	755	3	—	802	—	3
662	—	1	709	1	11	756	2	20	803	2	1
663	2	12	710	2	26	757	2	21	804	2	1
664	8	—	711	1	—	758	—	25	805	—	16
665	—	8	712	—	5	759	—	20	806	—	10
666	5	10	713	—	—	760	—	10	807	—	10
667	—	1	714	7	10	761	2	—	808	—	6
668	4	10	715	—	15	762	—	2	809	—	—
669	6	—	716	2	8	763	1	20	810	—	20
670	4	10	717	1	15	764	—	21	811	—	5
671	—	2	718	6	15	765	—	20	812	1	15
672	4	15	719	—	14	766	12	—	813	2	—
673	2	16	720	—	15	767	—	20	814	1	15
674	—	18	721	—	12	768	—	6	815	5	—
675	—	8	722	—	3	769	—	1	816	1	21
676	—	9	723	—	8	770	—	2	817	—	14
677	—	—	724	—	10	771	39	1	818	—	13
678	1	5	725	—	4	772	—	3	819	—	7
679	1	—	726	3	1	773	—	5	820	1	25
680	—	6	727	—	21	774	—	17	821	4	11
681	—	18	728	2	10	775	—	13	822	4	20
682	—	18	729	1	13	776	—	10	823	—	9
683	—	5	730	1	16	777	—	20	824	1	13
684	—	13	731	3	16	778	1	15	825	1	21
685	—	5	732	—	8	779	—	5	826	6	—
686	—	5	733	—	6	780	—	4	827	1	29
687	—	15	734	—	7	781	1	21	828	2	7
688	—	26	735	2	5	782	—	9	829	—	3
689	—	2	736	—	7	783	—	6	830		
690	1	9	737	1	5	784	—	—	831	—	4
691	—	4	738	—	1	785	1	15	832		
692	1	18	739	3	—	786	1	15	833	—	—
693	—	21	740	2	6	787	1	20	834	—	24
694	—	2	741	—	2	788	—	20	835	6	20
695	—	17	742	—	2	789	—	18	836	—	6

Nummer	Rt	ngl	Nummer	Rt	ngl	Nummer	Rt	ngl	Nummer	Rt	ngl
837	—	10	884	4	1	930	—	22	976	20	1
838	1	10	885	5	1	931	—	20	977	—	2
839	—	20	886	1	—	932	2	20	978	—	—
840	—	8	887	1	13	933	—	10	979	—	2
841	—	3	888	—	2	934	—	8	980	—	—
842	—	20	889	2	8	935	1	12	981	—	1
843	—	2	890	3	21	936	—	10	982	—	11
844	—	2	891	2	9	937	—	10	983	—	5
845	—	15	892	—	2	938	—	2	984	—	5
846		6	893	—	27	939	—	10	985	—	8
847	—	20	894	—	9	940	3	—	986	3	21
848	1	1	895	1	11	941	12	1	987a	—	2
849	—	25	896	1	15	942	—	17	987b	2	—
850	4	—	897a	2	25	943	2	12	988	—	2
851	1	—	897b	1	20	944	—	4	989	10	1
852	5	1	898	—	10	945	1	11	990	1	5
853	3	20	899	—	—	946	3	—	991	1	5
854	8	10	900	1	13	947	—	11	992	—	20
855	2	6	901	—	20	948	4	2	993	—	24
856	—	15	902	1	—	949	—	16	994	1	—
857	3	21	903	—	16	950	—	25	995	—	20
858	2	10	904	—	20	951	1	25	996	—	16
859	—	16	905	4	—	952	—	4	997	1	4
860	1	8	906	—	8	953	—	4	998	1	18
861	—	16	907	—	8	954	—	4	999	3	—
862	2	11	908	—	15	955	—	6	1000	—	2
863	—	11	909	—	1	956	1	16	1001	—	27
864	—	16	910	—	3	957	—	6	1002	—	20
865	1	9	911	—	3	958	—	4	1003	2	5
866	3	6	912	—	13	959	—	4	1004	3	1
867	—	16	913	—	15	960	—	4	1005	2	8
868	—	14	914	8	—	961	—	—	1006	1	21
869	3	1	915	—	21	962	—	1	1007	—	16
870	2	—	916	—	3	963	—	1	1008	—	20
871	2	5	917	—	25	964	5	1	1009	—	18
872	—	4	918	—	7	965a	16	—	1010	2	11
873	8	8	919	—	9	965b		7	1011	—	15
874	—	14	920	—	2	966	19	1	1012	—	1
875	1	8	921	—	18	967	—	—	1013	20	
876	3	—	922	—	7	968	—	2	1014	1	25
877	2	—	923	—	10	969	2	13	1015	—	10
878	1	26	924	4	12	970	1	8	1016		
879	—	9	925	90	—	971	—	10	1017		
880	—	3	926	2	23	972		3	1018	16	—
881	—	3	927	—	12	973	—	15	1019		
882	—	3	928	—	13	974	1	26	1020		
883	3	13	929	—	10	975	—	5	1021	—	6

7

ummer	Rt	ngl	Nummer	Rt	ngl	Nummer	Rt	ngl	Nummer	Rt	ngl
1022	—	1	1069	—	14	1116	—	3	1163	—	8
1023	1	20	1070	—	11	1117	2	—	1164	—	4
1024	4	21	1071	—	7	1118	—	8	1165	—	15
1025	—	20	1072	1	6	1119	—	3	1166	5	12
1026	—	5	1073	—	8	1120	—	5	1167	1	10
1027	1	15	1074	6	—	1121	—	7	1168	—	10
1028	1	10	1075	—	4	1122	—	2	1169	8	—
1029	—	1	1076	—	7	1123	—	2	1170	—	22
1030	—	12	1077	—	20	1124	—	—	1171	—	8
1031	—	12	1078	—	8	1125	—	1	1172	—	18
1032	—	—	1079	2	8	1126	—	—	1173	—	13
1033	—	12	1080	—	14	1127	—	7	1174	1	15
1034	1	—	1081	—	8	1128	—	20	1175	2	—
1035	—	2	1082	—	4	1129	—	6	1176	—	18
1036	1	—	1083	—	28	1130	—	—	1177	—	2
1037	—	6	1084	1	12	1131	5	—	1178	—	—
1038	2	21	1085	—	26	1132	—	16	1179	—	8
1039	—	4	1086	5	—	1133	—	15	1180	1	10
1040	—	—	1087	—	14	1134	—	8	1181	—	18
1041	—	12	1088	—	14	1135	—	10	1182	1	—
1042	—	10	1089	—	6	1136	—	8	1183	1	2
1043	—	6	1090	2	5	1137	—	3	1184	—	16
1044	—	10	1091	4	15	1138	—	20	1185	—	5
1045	—	11	1092	—	13	1139	—	11	1186	—	5
1046	—	16	1093	4	—	1140	9	1	1187	1	15
1047	—	10	1094	—	10	1141	2	6	1188	9	1
1048	—	4	1095	3	—	1142	—	29	1189	9	1
1049	—	4	1096	—	14	1143	—	10	1190	—	17
1050	—	2	1097	1	5	1144	1	16	1191	1	26
1051	—	6	1098	—	12	1145	—	10	1192	—	13
1052	—	6	1099	2	13	1146	—	16	1193	1	16
1053	—	2	1100	—	10	1147	—	11	1194	—	5
1054	1	18	1101	—	3	1148	—	15	1195	1	1
1055	1	9	1102	1	—	1149	13	1	1196	—	20
1056	3	20	1103	—	10	1150	—	5	1197	1	25
1057	3	—	1104	—	16	1151	—	13	1198	2	1
1058	4	1	1105	—	11	1152	1	20	1199	1	—
1059	9	1	1106	—	12	1153	—	18	1200	1	19
1060	24	1	1107	1	22	1154	7	5	1201	2	—
1061	11	17	1108	1	13	1155	7	26	1202	2	16
1062	—	10	1109	—	2	1156	—	18	1203	1	16
1063	1	5	1110	7	1	1157	—	11	1204	—	6
1064	—	11	1111	4	1	1158	—	26	1205	1	17
1065	—	25	1112	—	3	1159	2	—	1206	4	5
1066	—	9	1113	3	—	1160	3	—	1207	3	21
1067	—	8	1114	2	8	1161	6	21	1208	1	20
1068	—	7	1115	—	8	1162	1	25	1209	—	8

Nummer	Rd.	ngl	Nummer	Rd.	ngl	Nummer	Rd.	ngl	Nummer	Rd.	ngl
1210	—	2	1217	—	8	1224	28	—	1231	—	9
1211	—	—	1218	—	29	1225	—	11	1232	—	9
1212	—	1	1219	10	—	1226	—	10	1233	4	—
1213	10	21	1220	—	16	1227	3	—	1234	1	15
1214	2	26	1221	4	1	1228	—	20	1235	—	6
1215	—	10	1222	—	4	1229	—	13			
1216	—	8	1223	1	1	1230	2	3